インクルーシブな国語科授業づくり

発達障害のある子どもたちとつくるアクティブ・ラーニング

原田大介［著］

明治図書

まえがき　―発達障害の当事者の立場から

みなさん、はじめまして。原田大介と申します。

本書の目的は、インクルーシブな国語科授業のつくり方について、みなさんとともに考えることにあります。その中でも、本書では、発達障害のある子どもたちを理解するための手立てや、発達障害のある子どもたちがよりよく参加できる国語科授業を提案することを大切にしています。

本書はいわゆる「マニュアル本」ではありません。「スイミーの授業では、○○すればうまくいく！」といった効率的な方法論をならべた本ではなく、発達障害のある子どもの現状や生活背景を丁寧に理解することを重視しています。

このため、「明日の研究授業で使える方法を今すぐに知りたい！」という緊急を要する先生にとって、この本はとても不向きです。一方で、「今の子どもたちが感じる生きづらさとは？」「発達障害ってなに？」「インクルーシブ教育ってなに？」「小学校の国語科授業にはどんな可能性があるの？」などの問いについて、少しだけ時間をかけて考えたい方にはぴったりの本です。

ここで簡単に、自己紹介をさせていただきましょう。

私の専門は国語科教育です。子どもたちの実態把握や授業研究が主なテーマですが、近年はインクルーシブ教育についても研究しています。インクルージョンとは、日本で包容や包摂などと訳される概念のことです。インクルーシブ教育とは、「子どもたちの多様性を包摂する教育」を意味します。わかりやすく言えば、「子どもたちみんなが参加できる教育」のことです。

私が国語科教育だけでなくインクルーシブ教育も研究するようになった理由には、大きく二つあります。

一つめの理由は、教員としての子どもたちとの出会いにあります。

私は大学院を修了したあとに、広島で三年間ほど小学校の教員として勤務しました。そのときに、様々な生きづらさを抱える子どもと出会い、その子どもたちと深くかかわることができました。

それはいわゆる、「特別な支援を要する児童」と位置づけられている子どもたちでした。

ＬＤ（学習障害）、ＡＤＨＤ（注意欠如多動性障害）、アスペルガー症候群、高機能自閉症、広汎性発達障害など、医師より発達障害の診断を受けたことのある子ども、診断名はないがその傾向が十分に認められる子ども、日本語を第二言語とする子ども、性的マイノリティの子ども、虐待を受けている子ども、自傷を繰り返す子ども、経済的貧困状態にある子どもなど、子どもたちに必要な教育的支援は多岐にわたることを知りました。と同時に、子どもたちに必要な教育的支援の多くが、未だ不十分な状態であることを実感したのです。この実体験は、これまでの私の国語科教育観を根底から変えるものでした。

インクルーシブ教育を研究するようになった二つめの理由は、私自身が発達障害の当事者であることです。

私は医師より高機能自閉症とＡＤＨＤの診断名を受けています。「精神障害者保健福祉手帳」（３級）を所持し、服薬も続けています。

私は、幼少期より自分の身体の感じ方や感覚に対して強い違和感がありました。しかし、その思いや感覚を人と共有することはできませんでした。小学校時代、授業という時間や空間は私に合わず、いつもぼんやりと外を眺めているか、時計の針を見て終了時間を計算していました。大人になって医師より診断名を聞いたときは、しこりのようにあった違和感が消えていくのを感じ、妙に納得したものです。

また、発達障害との関連性については明らかにされていませんが、私は吃音《きつおん》の当事者でもあります。吃音とは、ことばを発しようとすると、音がつっかかったり、音が伸びたり、音そのものが出なかったりする言語の障害です。最近は、映画やドラマを通して知られつつありますが、その理解は依然として進んでいません。吃音者の中には、私のように長時間話し続けると、軽度の呼吸困難になる人もいます。なお、吃音は、米国精神医学会が示した『DSM―5　精神疾患の診断・統計マニュアル』において、コミュニケーション障害の一つに位置づけられています。

発達障害や吃音など、身体を理由に生まれる悩みや苦しみであれば、たとえ具体的な答えは出すことはできなくても、子どもたちの思いを少しでも共有できるのではないか。このように考えた私は、国語科教育とインクルーシブ教育とを合わせて研究するようになりました。

教員として出会った子どもたちとの体験も、発達障害や吃音の当事者としての体験も、今では授業を考える上での貴重な財産です。本書においても、この二つの視点を随所に入れていきたいと思います。

本書はまた、アクティブ・ラーニングの考え方にも対応しています。近年、授業づくりを考える上で、アクティブ・ラーニングの存在は無視できないものとなりました。ただし、文部科学省を中心にその定義は提示されているものの、その解釈や考え方は研究者の数だけある状態が続いています。本書では、アクティブ・ラーニングをインクルーシブ教育の観点から新たに位置づけ、アクティブ・ラーニングの知見を取り入れた国語科授業づくりを提案したいと思います。

本書は四つの章からなり、どの章から読まれても内容が理解できる構成にしています。

第Ⅰ章では、子ども理解や国語科授業の考え方について、発達障害、インクルーシブ教育、障害特性、貧困などをキーワードにまとめています。

第Ⅱ章では、アクティブ・ラーニングの可能性と課題について述べています。

第Ⅲ章では、小学校現場で先生方からよく尋ねられる点について、第Ⅰ章と第Ⅱ章で十分に取り上げることができなかったことを中心に「Q＆A」の形式でまとめています。第Ⅳ章では、第Ⅰ章、第Ⅱ章、第Ⅲ章での議論を踏まえ、整理した上で、インクルーシブな国語科授業のつくり方を、より簡略化したかたちで提案しています。

少しでも興味のある章から読んでいただければ幸いです。

本書が、教育現場に携わる先生方や、これから先生になろうとしている学生のみなさんの国語科授業観を見つめる一助になれば、これにまさる喜びはありません。

※なお、本書で登場する子どもたちの名前はすべて仮名です。

目次

目次

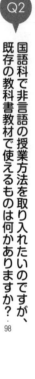

第Ⅳ章 インクルーシブな国語科授業づくりのポイント

第Ⅰ章

発達障害のある子ども理解と国語科授業

1 「国語の授業が苦手」な子どもの思いとは

(1) 「読み書きが苦手」から考える

ある一人の小学生の子どもが「国語の授業が苦手」だという場合、私たちはどのような状況を思い浮かべるでしょうか。国語科には「話すこと・聞くこと」もありますが、特別な支援を要する児童が在籍する通常学級では、とりわけ「読むこと」と「書くこと」の指導に悩んでいる先生が少なくないようです。まずは「読むことが苦手」な場合と「書くことが苦手」な場合をそれぞれ考えてみましょう。

「読むことが苦手」の場合、ひらがなやカタカナや漢字・ローマ字が読めない、絵や記号の意味がわからない、字は読めても語いや文章になるとよくわからない、一文ずつの意味はわかっても、物語や説明文などになると作者や筆者の言っていることがよくわからない、などが考えられます。医師よりＬＤ（学習障害）と診断された子どもであれば、字が左右逆に見えてわかりにくいから苦手なのかもしれません。また、ＡＤＨＤ（注意欠如多動性障害）の子どもであれば、注意力を一定時間維持することが難しいために、お話を読んでいる途中で読んだ内容を忘れてしまうから苦手なのかもしれません。障害の有無に関係なく、ただ単に読みたい内容ではないから読む気持ちにどうしてもなれず、その態度から学校で「読むことが苦手な子」とされているのかもしれません。

「書くことが苦手」の場合はどうでしょう。読みの場合と同様に、ひらがな、カタカナ、漢字、ローマ字、絵や記号を書く（描く）ことができない、語いや文を書くことができない、物語や説明文などを書くことができない、などが考えられます。発達障害や視覚障害、あるいは他の身体的な障害のある子どもであれば、縦画や横画など字形そのものを正確に書くことが難しい場合もあるでしょうし、思っていることと全く異なる字を書いてしまうことも考えられます。書きたいことが何も思い浮かばず、結果、何も書かずに白紙で提出し続けたことにより、学校で「書くことが苦手な子」とされているだけなのかもしれません。

「読み書きが苦手な子」の場合になると、ここに書き出した「読み」と「書き」それぞれの理由が重なり合うことになり、より複雑になります。このため、「読み書きが苦手な子」の特徴を一つにまとめることには無理があります。

また、「読み書き」を苦手だと考えているのはその子ども本人なのか、あるいは子どもとかかわる教員による判断なのかによって、支援のあり方はずいぶんと変わります。それは、子どもの「読み書き」に対する自信の有無が関係しているからです。

次のような例があります。私が勤務している大学は、偏差値的には高いとされている大学の一つです。しかし、授業やゼミなどで大学生とかかわっていると、レポートが書けない、書くことが思いつかない、何を書いてよいかわからない、自分が書いた文章に自信がもてない、などの声を聞くことが少なくありません。学生が書いたものを見てみると、しっかりとできていることがほとんどなのですが、本人はそれを認めようとしません。謙遜だけの理由でもないようです。

初等・中等教育の場合もそうですが、本人がもつ「書くことが苦手」や「読むことが苦手」という意識が強すぎて、書けていても（読めていても）それを自分で認めることができない児童・生徒・学生は少なくありません。私はそのような人たちを、「偏差値上位のよい子」と呼んでいます。「偏差値上位のよい子」には様々なタイプがありますが、自分の気持ちを見つめることよりも先に先生が求めるものを察知して、それを「書けてしまえる」「読んでしまえる」ことに一つの特徴が見られます。自分が本当に書きたいこと・書くべきこと／読みたいこと・読むべきことを見つめることができずに、「先生が求めている」と察知した、表面的なことしか書けていない／読めていない点で、このようなケースも「読み書きが苦手」の一つに含めて考えたいと思います。

以上、「読み書きが苦手な子」とは何かについて、様々な角度から考えてきました。「読み書きが苦手」な要因は、大きく次の四点にまとめることができると思います。

① 字、語い、文、物語や説明文が読めない／書けない
② 発達障害や他の障害が理由で読めない／書けない
③ 授業内容に興味・関心がもてずに読めない／書けない
④ 学力は高いが自分に自信がもてずに読めない／書けない

この①②③④はそれぞれ独立しているわけではなく、重複したり連続した関係にあります。支援の場合、教員はどの要因が子どもに顕著にあらわれているかを見極め、ある程度は焦点化して取り組む必要があります。

すでに実践してきた国語科授業の目標、内容、方法、評価のあり方を問い直すことで子どもの読み書きが変わることもあれば、特別支援員などとの連携を授業内容に組み込むことが有効な場合もあるでしょう。視覚障害や聴覚障害など、障害の特性によっては、特別支援学校ですでに導入されているメディア機器を保護者や教育委員会と連携して取り入れることにより、子どもの読み書きのあり方が変わる場合もあります。

これまでの国語科教育研究では、主に①と③への支援のあり方が取り組まれてきました。これらの研究の蓄積から私たちが学ぶことは多いと思います。しかし②と④の研究については、依然として不十分なのが現状です。子どもが感じる「読み書きの苦手」に様々な角度から応えられるよう、実践と理論の研究を深めていきたいものです。

⑵　プライベートの話を小出しすること

さて、「読み書きが苦手」な要因として挙げた①②③④への支援には、共通して必要なことがあります。それは、子どもと教員との信頼関係がその基盤になくてはならないことです。

この先生と一緒なら少しだけなら書いてみてもいい、少しなら読んでみてもいい、みんなの前で発表してみてもいい、などの気持ちが生まれるかどうかは、子ども同士の関係はもちろんですが、まずは教員との関係づくりが重要です。特に低・中学年の子どもや特別な支援を要する子どもには、この傾向が顕著に見られます。

私は以前、学習指導員の立場から広島県内の小学校の授業づくりに参加していました。ある小学校では、朝の会から帰りの会までスーパーマリオの絵を教科書に描き続ける五年生の哲平がいました。哲平は医師よりＬＤと診断されていました。哲平が授業中に顔を上げることはほとんどなく、自分が描いたマリオのでき具合を見つめる毎日でした。

その哲平が、授業中に、ガバッと勢いよく顔を上げて、しばらく先生の話を聞いていた時間があったのです。それは、担任の先生が前日に家族で動物園に行った話をしたときでした。それまでその先生は、自分自身のプライベート（私生活）のことは話すことなく子どもたちと接していました。しかし、自身のプライベートの一部を差し出し、子どもたちと共有したときに、授業に参加する機会を探していた哲平とつながったように私には感じられました。

私はこの先生と話し合い、哲平を含む子どもたち全員の前で休日にしたことや、失敗したこと、家族と出かけたことや、友人や家族から怒られたことなどを話すことで、子どもたちとの関係づくりをめざしました。この取り組みのイメージは、「プライベートを小出しする」というものです。教員がプライベートを語ることは、場合によっては生々しさをともなう危険性もあります。このリスクを自覚し、必要以上に多く語ることはなく、あくまで場面や状況に応じた「小出し」のイメージを心がけました。「差し出す」だけでなく、子どもたちのプライベートを少しずつ「引き出す」ことも心がけました。

学校内で「プライベート」をやりとりすることが、なぜ特別な支援を要する子どもたちとの関係づくりに有効なのでしょうか。

アスペルガー症候群など、発達障害のある児童生徒は感情の裏表を読むことが難しいとされています。また、ごっこ遊びなどの「見立て」や「ふり」を共有することも困難である場合が多いとされています。この特性は、別の見方をすると、学校という社会的な空間における教員のふるまいの意味を理解することが難しい、と考えることもできます。教員が、あくまで社会的な役割として教室で授業をしたり話をしたりしていることの意味が、いわゆる定型発達の子どもたちよりも発達障害のある児童生徒のほうが理解しにくいのではないでしょうか。だからこそ、前日に動物園に行ったという教員の「ふり」を外した話は、児童にとって「自分と同じ場所」での話として受けとめられ、児童の内面に響いたのではないでしょうか。

以後、教員との関係づくりと子ども同士の関係づくりをすすめていく中で、哲平はまず、物語の創作活動で自分の得意分野であるマリオを登場させることで、「書くことの苦手」を少しずつ解消していきました。また、自分のマリオの絵やマリオが活躍する物語に対する友だちのコメントを教員や指導員とともに読むことにより、「読むことの苦手」も解消していきました。もとより哲平は動物が好きだったこともあり、マリオから離れ、教材として用いた「一まいの地図から」『新編　新しい国語　五下』（東京書籍）に登場する「さる」に「ウッキーウキウキ（仲間に入れておくれよ）」と話すように表現させてみたり、「ゆみ」の設定を「さる語」がわかるというキャラクターにして「ウキウキ！ウッキー（いいよ！）」と話すように表現させていました。哲平独自のユニークな読み書きに、他の子どもたちの多くが驚いていました。周囲の反応を見た哲平は、自身の読み書きに対する自信も、少しずつ回復させていったのです。

私たちは①②③④の支援を個別にすることのみを考えがちですが、その基盤には「関係づくり」の支援が必要であるということを、常に忘れないようにしたいものです。

2　インクルーシブ教育と合理的配慮

(1)　インクルーシブ教育と合理的配慮が生まれた背景

さて、インクルーシブ教育についてです。

「インクルージョン」は、日本では「包容」や「包摂」などと訳されます。「インクルーシブ教育」を単純に訳せば、「包摂する教育」となります。インクルーシブ教育でめざしていることが、「授業に子どもたちの多様性を包摂すること」だと考えると、反対に、子どもたちの誰かが現在においても排除されている事実に私たちは気づかされます。

インクルーシブ教育は、一九九四年にユネスコとスペイン教育・科学省が開催した特別なニーズ教育に関する大会を機に認知され、その考え方は日本においても広がりつつあります。

二〇一二年七月に中央教育審議会初等中等教育分科会から報告された「共生社会の形成に向けたインクルーシブ教育システム構築のための特別支援教育の推進」では、発達障害など特別な支援が必要な学習者とともに学ぶ「インクルーシブ教育システム構築」にむけた人的・物的環境の整備を推進することが決定しました。二〇一三年六月には障害者差別解消法が成立し、二〇一五年九月に教育課程企画特別部会から出された「論点整理」では「障害者の権利に関する条約に掲げられたインクルーシブ教育システムの理念を踏まえ、子どもたちの自立と社会参加を一層推進していく」(二四頁)ことの必要性が主張されています。

そして、二〇一六年四月から、障害者に対する「合理的配慮」を求める法律が施行されました。合理的配慮については、川島聡氏と星加良司氏が次のように整理しています。

雇用促進法と差別解消法のもとで提供しなければならない合理的配慮とは、基本的に、①個々の場面における障害者個人のニーズに応じて、②過重負担を伴わない範囲で、③社会的障壁を除去すること、という内容をもつ措置を意味している。さらに、この概念には、障害者の意向を尊重することや、機会平等の実現を目的としていることなどの要素が含まれている。（川島聡・星加良司「合理的配慮が開く問い」川島聡・飯野由里子・西倉実季・星加良司『合理的配慮―対話を開く、対話が拓く』有斐閣、二〇一六年、二頁）

差別解消法にある「行政機関等」とは、役所や国公立の学校などを指します。「行政機関等」は法的義務を負い、合理的配慮を必ず提供しなければならないことは周知の通りです。

ただし、「②過重負担を伴わない範囲」を規定することには限界があり、場合によっては「②過重負担を伴わない範囲」ということばだけが行政機関側によって都合よく利用される危険性もあります。西倉実季氏と飯野由里子氏が「障害者と事業者・事業主の二者関係は、多くの場合、後者よりも前者のほうがより大きな妥協を迫られる位置に置かれやすい」と指摘しているように（西倉実季・飯野由里子「障害法から普遍的理念へ」川島聡・飯野由里子・西倉実季・星加良司『合理的配慮―対話を開く、対話が拓く』有斐閣、二〇一六年、二〇三頁）、学校側は障害当事者との対話の場を権力関係に配慮したかたちで設けることが欠かせません。

インクルーシブ教育についても同様に、審議会や特別部会における一つひとつの用語の概念や方向性は十分に確立されているわけではありません。子どもたちとの対話のもとに、各教科・領域の研究者や教員に一任されているような状態です。

また、現在の日本におけるインクルーシブ教育は従来の特別支援教育の考え方と大きな違いはなく、インクルージョン（包摂）の対象としているのは発達障害、あるいは身体的な障害のある学習者に限定しています。二〇〇九年に出されたユネスコのインクルーシブ教育の指針（*Policy Guidelines on Inclusion in Education*）を見てみると、インクルーシブ教育の対象は障害のある学習者だけではなく、性的マイノリティや第二言語を母語として生きる学習者、その他学習者の様々なニーズが想定されています。日本のインクルーシブ教育の意図や方向性は、国際的に見れば、少し的を外していると言えるでしょう。

このような背景を考えると、本書は、発達障害のある子どもに限定せずに、そこから一歩先にすすんで、他の様々なニーズのある子どもも含めて話をすすめるべきです。

しかし、本書では、あえて発達障害のある子どもに限定して話をすすめたいと思います。その理由は、現在の国語教育研究では発達障害の話さえも十分に議論されているわけではないからです。国語教育関連の学会や研究会においても、発達障害のある子どもの話が取り上げられるようになったのは比較的最近のことです。だからこそ、具体化が求められています。

書店に行けば、発達障害のある子どもと国語教育とを結びつけたタイトルの本はすぐに見つけられます。しかし、売られている本の多くは、「すぐに役立つ」などのフレーズがついた、方法論を列挙したマニュアル本が中心です。授業の方法論を知ること自体は大切ですが、列挙された方法論は子どもたち一人ひとりの生活の文脈から切り離されているため、生きた子どもの姿が見えないというデメリットもあります。

このようなことから、本書では、「特別な支援を要する児童」の中でも、まずは発達障害のある子どもに焦点をあてることにより、国語教育研究に発達障害の分野をきちんと位置づけることを目標とします。また、発達障害のある子どもたちの生活の文脈と向き合い、そこから生まれるインクルーシブな国語科授業のあり方を考えることにより、合理的配慮の「過重負担を伴わない範囲」を、授業のレベルで広げていきたいと思います。

(2) インクルーシブ教育をめぐる誤解

研究会などに参加して研究者や先生方と話していると、インクルーシブ教育がよく誤解されていることに気づかされます。

たとえばその一つに、「インクルーシブ教育は特別支援学級や特別支援学校を否定的に位置づけ、すべてのことを通常学級で行うことをめざす」というものがあります。これは「フル・インクルージョン」と呼ばれる考え方であり、すでに明らかな間違いであることは多方面で議論されてきました。

インクルーシブ教育は通常学級、特別支援学級、特別支援学校における子どもの学びの意味を見つめ、それぞれの場を効果的に活用することをめざします。決して特別支援学級や特別支援学校を否定するものではありません。現実的に考えてみてもわかるように、重度重複障害のある子どもの場合、その機械設備の有無や、その設備を導入・移動するだけの空間を考えても、やはり特別支援学校ならではの学びの利点があります。

しかし、これでは何がインクルーシブ教育なのかがよくわかりません。インクルーシブ教育であることの一番の特徴は、通常学級の授業に支援が必要な子どもが参加できるように、授業やカリキュラムの再編・改革が求められている点にあります。

これまで、私たちは授業に「ついていけない」子どもをあまりに安易に特別支援学級や特別支援学校に「丸投げ」してこなかったでしょうか。また、通常学級に在籍させているだけで、自分の授業の工夫をせずに、その子どもを「放置」してこなかったでしょうか。この「丸投げ」や「放置」の状態を見つめ直し、授業の新たな可能性を見出すこと、この点にこそ、インクルーシブ教育の特徴があります。

これまでの国語科授業において「排除」してきた／されてきた子どもが授業に加わることにより、その子ども自身に、そして他の子どもたちにどのようなことばの学びが生まれるのか、このことを教員は全力で想像することが求められます。また、教員は子どもたち一人ひとりと誠実に向き合い、限られた空間・時間の中で柔軟に、かつ、クリエイティブに学びの場をつくることが大切です。

私たちはインクルーシブ教育の到来を一時の流行りの現象としてとらえるのではなく、自身の子ども観や国語科の授業観を見つめる機会を生み出すものとして受けとめなければなりません。インクルーシブ教育の実現には通常学級の再編・改革が不可欠なわけですが、それは同時に、私たち教員や研究者の凝り固まった意識の再編・改革が求められているのだと、私は考えています。

3　発達障害のある子どもの理解とは

(1)　通常学級に在籍する発達障害のある子どもの実態

現在の教育現場において、発達障害ということばを聞かない日はなくなりました。教員だけでなく、教育学部の学生であれば、その内実は詳しくわからないまでも、発達障害ということばを知っている場合がほとんどです。私たちが発達障害ということばを聞くようになったのは、一体いつからなのでしょう。

発達障害が教育現場で広く認知されるようになった出来事の一つに、二〇〇二年の文部科学省による「通常の学級に在籍する特別な教育的支援を必要とする児童生徒に関する全国実態調査」が挙げられます。この調査において、約六・三％の子どもたちに発達障害の傾向があると報告されました。この調査は、発達障害を専門領域とする研究者が作成した観点をもとに、現場教員が子どもたちの言動を見て調査シートに記すというものでした。専門医が直接子どもたちを診断したものではないため、調査方法には課題が残るものでしたが、子どもたちの実態をとらえたのが教員であったからこそ、現場の思いを反映する結果になったことも事実でした。

二〇一二年には、同じく文部科学省から二〇〇二年の調査を基盤にした新たな調査結果が報告され、通常学級に在籍する約六・五%の子どもたちに発達障害の傾向が見られることが確認されました。

単純に計算すれば、三五人学級の場合、約二名の子どもに発達障害の傾向が見られることになります。つまりこのことは、授業にのぞむ教員すべてに発達障害に関する専門的な知識が求められていることを意味します。国語科の枠組みは、今後、発達障害に関する研究の知見を取り入れたものへと再編・改革される必要があることもわかります。

さて、本題に入りましょう。発達障害とは一体何でしょうか。そして、私たちは何を理解することが、発達障害のある子どもを理解したことになるのでしょうか。

教育学部に所属する学生に発達障害とは何かを尋ねてみると、おおむね教科書で習ったことばが返ってきます。それはＬＤであったり、ＡＤＨＤであったり、アスペルガー症候群だったりします。確かにそれは答えになります。文部科学省による発達障害の定義にも「自閉症、アスペルガー症候群その他の広汎性発達障害、学習障害、注意欠陥多動性障害その他これに類する脳機能の障害であってその症状が通常低年齢において発現するもの」とあるからです。さらによく勉強した学生であれば、言語面やコミュニケーション面での難しさを各障害の特徴と結びつけて答えてくれるでしょう。

しかし、各障害の名前や特徴を知ることが、本当に発達障害のある子どもたちを理解することになるのでしょうか。

結論を先に言えば、私はそれだけでは不十分だと考えます。先の学生の解答では、二つの視点が抜け落ちているからです。一つは、発達障害のある子どもの内面を理解する視点がないこと、もう一つは、発達障害の子どもと定型発達の子どもとの連続性を理解する視点がないことにあります。この二つについて、順に考えてみましょう。

(2) 発達障害のある子どもの内面を理解すること

発達障害のある子どもを前にしたとき、私たち教員の多くは、自分が知っている障害の特徴をその子どもの言動に当てはめ、その障害以外の特徴を理解することを忘れてしまいがちです。障害の知識があることは、間違いなく重要なことです。しかし、より大切なのは、その知識を用いて発達障害のある子どもが何に困っているのか、そして、その子どもが自分の思いを言語化できていないことが何であるかを、教員が理解することにあります。

私が所属する大学の話に戻せば、教科書通りの発達障害の説明をする学生が一定数いる一方で、子どもの内面を理解する力をすでに持ちつつある学生も少なくありません。これは私個人の印象ですが、発達障害のある子どもの内面理解に優れた学生や教員には、本人が発達障害の当事者であったり、発達障害のある家族や友人と良好な関係が続いていたり、発達障害にかかわらず身体面の難しさや、コミュニケーション面で課題のある家族や友人と長く付き合っている場合に多く見られるように感じます。つまり、自身が当事者である場合も含め、普段から発達障害のある人たちや、その近接する人たちの内面に触れている人たちに子どもの内面を理解する力がある人が多いのです。これからの教員養成や教師教育のあり方は、学生や教員が日常生活で発達障害のある当事者といかにかかわるかを考え、実践することから始めてみてもよいかもしれません。

とはいえ、これまでに当事者とかかわる機会も意識もなかった教員にとって、急に当事者とかかわるように求めることは難しいものです。すぐにできることは、各障害に関する特徴を再度確認し、その知識を手がかりに発達障害のある子どもたちの内面理解を試みることです。言語化されずに埋もれている子どもたちのつまずきを想像し、その子ども本人や保護者、同僚と共有していく作業が重要になります。

もちろん、子どもの内面を理解する力は、教員だけに必要な話ではなく、すべての子どもたちにつけたい力でもあります。国語科の目標にある「伝え合う力」を獲得しようとすれば、他者の内面を理解する力を獲得することは避けて通れません。このためには教員自身が子どもたちの内面理解を試みること、そして、子どもたちが互いの内面を理解することに挑戦できる国語の授業づくりが必要です。

(3) 発達障害と定型発達との連続性を理解すること

次に、二つめの発達障害と定型発達との連続性について考えてみます。定型発達とは、いわゆる健常者と呼ばれる人たちの発達のことです。次頁の図1をご覧ください。

この図は、発達心理学者の赤木和重氏が示した図をもとに（「高機能自閉症の基礎理解」別府哲・小島道生編『「自尊心」を大切にした高機能自閉症の理解と支援』有斐閣、二〇一〇年、一七頁）、私が再構成したものです。

近年、自閉症は自閉スペクトラム症と言われています。図にあるように、縦軸が知的障害の度合い、横軸が自閉症の特性の度合いを示します。図の左下の色の濃い箇所は、知的障害の度合いが重度で自閉症の特性が強いことを意味します。右上の色の薄い箇所は、その逆となります。高機能自閉症やアスペルガー症候群など知的障害がなくて自閉症の特性が強い障害は図の左上に位置し、定型発達や健常者と呼ばれる人たちは図の右上に位置します。ちなみにＡＤＨＤと高機能自閉症の診断名のある私の場合は、図の左上に位置します。

先に触れた文部科学省による発達障害の定義にもあったように、発達障害には自閉症が

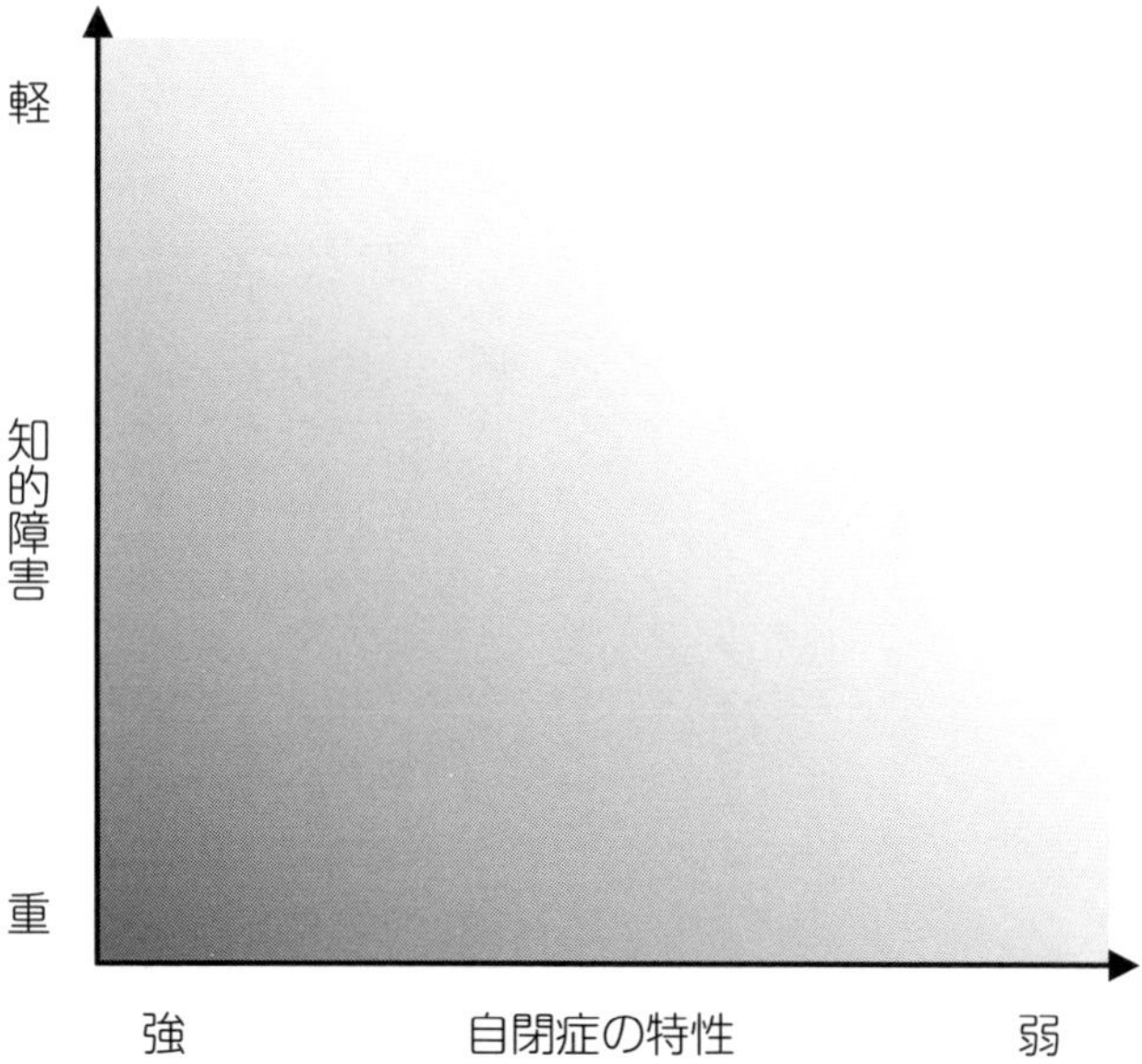

図1　自閉スペクトラム症の概念

含まれます。そして、LD、ADHD、アスペルガー症候群のすべてが自閉症の特徴と連続した関係にあります。このため、図は自閉スペクトラム症の概念を示したものであると同時に、発達障害と定型発達との連続性を示した図でもあるのです。

発達障害のある子どもの身体と定型発達の子どもの身体とは、たとえば図の左下の色の濃さと右上の色の薄さが明らかに異なるように、「歴然とした差異」があります。

しかし一方で、図のどの場所であれ色がついているように、すべての人間が完全に分離できるわけではなく、「連続した関係」にあります。つまり発達障害と定型発達との間には「歴然とした差異」がありつつも、「連続した関係」にあるという、矛盾した二つの事実があるのです。

私たちは、この事実をまるごと理解しなければなりません。たとえ「○○とはわかり合えない」「○○とは絶対的に異なる存在だ」と他者と自己を切り離して考えていたいような教員や研究者であっても、少なくとも身体の面では連続した関係にある事実を受けとめる必要があります。

以上、まとめると、教員や研究者が発達障害のある子どもたちを理解する上で大切なことは、次の三点になります。

①　発達障害をめぐる各障害の特徴を理解すること
②　発達障害のある子どもの内面を理解すること
③　発達障害と定型発達との連続性を理解すること

インクルーシブな国語科授業を構想する上で、発達障害のある子ども理解は基盤となります。そして、その理解を深めるためには、①②③のどの視点も欠かせません。発達障害をめぐる各障害の基礎的な特徴を知り、他者の身体と自己の身体とが連続した関係にあることを認め、発達障害を含むすべての子どもの内面を丁寧に理解していくことが、私たち教員や研究者に求められているのです。

4　障害特性に応じた指導を超えて

(1)　障害特性に応じた指導とは

特別支援に関心が高い教員が集まる国語の授業研究会に参加していると、「障害特性に応じた指導」ということばを聞くことがあります。

もともとこのことばは、文部科学省が、特別支援学校や通常学校に在籍する自閉症の児童生徒を想定し、「自閉症の特性に応じた教育課程、指導内容・方法の改善を図ることが喫緊の課題」であると述べたことが始まりでした（文部科学省「自閉症に対応した教育課程の編成等についての実践研究」）。通常学級を受け持つ先生方がこの言葉を用いる場合は、障害のある子どもとどうかかわるべきか、という広い意味合いであることが多いようです。

私が研究会に参加したときは、通常学級に在籍する児童の障害特性に授業内外で応じるにはどうすればよいかが話題になりました。通常学校における障害のある子どもへの授業「外」での対応はもちろん、授業「内」で障害特性に応じる考え方が広がりつつあることは、発達障害の当事者として嬉しい限りです。

ただし、障害特性に応じた指導については、誤解されて受け取られている現状もあります。その要因は、大きく二点あると考えます。順に見てみましょう。

(2)　個別の指導計画に対する誤解

個別の指導計画を作成して実践することを、「①問題の難易度をやさしくしたプリントを作成して配布すること」や、「②別室で子どもに別の内容を指導すること」だと考える研究者や教員が見られます。また、①や②をもって障害特性に応じた指導という表現を使う方も見られます。

個別の指導計画とは、子どもたち一人ひとりの教育的支援に対応した指導目標や指導内容、指導方法の計画のことです。つまり、その位置づけは、今実践している授業を、さらによりよいものへと改善するためにあります。①や②は、方法論の一つとしてはあり得ますが、障害特性に応じた指導としては、あくまで副次的な位置にあります。

第2節でも述べましたが、私たち教員や研究者に求められているのは通常学級の再編と改革であり、これまでしてきた特別支援学級への「丸投げ」や、通常学級に在籍させているだけの「放置」の状態を見つめ直すことにあります。教員は一人で問題を背負うのではなく、作成した個別の指導計画をもとに、同僚、保護者、医療機関、教育委員会、研究者等と連携し、子どもが「放置」ではないかたちで参加できる国語の授業を構想し、実践していくことが大切です。

なお、個別の指導計画と似たものとして個別の教育支援計画があります。こちらは乳幼児期から学校卒業後までの長期的な計画を、学校が中心となって作成することに特徴があります。また、作成にあたっては関係機関との連携や保護者の参画が条件にあります。

個別の教育支援計画が様々な人や機関との連携を条件に挙げているように、個別の指導計画においても連携の観点を中心にもち、一つひとつの授業に必要な準備をすすめていくべきでしょう。

(3)「応じる」子どもに対する誤解

通常学級という場には、障害のある子どももいれば、定型発達の子ども、あるいはその境界を生きる子どももいます。障害特性に応じた指導のあり方を議論する場合、国語科で言えば、障害のある子どもにことばの学びが生まれるかどうかだけが話題になりがちです。

障害のある子どもについて考えることは、確かに大切なことです。しかし、障害のある子ども以外の子どもにことばの学びが生まれることも、同様に大切なことです。少なくとも、授業にのぞむ教員であれば、子どもたち全員に学びが生まれることをめざす必要があるでしょう。つまり、障害特性に応じた指導とは、「障害のない児童に応じた指導」を含むものでなければならないのです。

(4)「包摂《インクルージョン》」と「再包摂《リ・インクルージョン》」

それでは、障害のある子どもに応じつつ、他の子どもにも応じることができる授業を構想するにはどうすればよいのでしょうか。

私はこの、個々の障害特性だけに応じた指導を超えた状態こそが、インクルーシブな授業の状態だと考えています。

一人の小学校教員が授業の準備をする場面を想像してみましょう。多くの教員にとって、障害特性に応じた授業を考えようとすると、まずは障害のある子どもが授業に少しでも参加できるように願い、工夫すること、つまりは「包摂（インクルージョン）」する方法を考えると思います。

しかし先にも述べたように、授業はすべての子どもに学びが生まれる必要があります。したがって、教員は障害のある子どもに学びが生まれるだけでなく、その学びによって、他の子どもにも学びが生まれる授業を展開しなければなりません。障害のある子どもに学びが生まれ、その学びに感化されたり影響を受けたりした他の子どもに学びが生まれる状態を、すでに授業に包摂された定型発達の子どもが再度授業に包摂されることから、私は「再包摂（リ・インクルージョン）」と呼んでいます。

発達障害のある子どもと比べて、授業に参加しているように「見せる」ことが可能な定型発達の子どもが多いことは想像に難くありません。本当は自分の意見と違っていても教員が求める答えをわざと答えてみたり（あるいはわざと答えなかったり）、教室にいても遠くを見て座っているだけであれば、教員はその子どもを「包摂」していると信じていても、子どもの側からすれば「放置」でしかない場合は十分にあり得ます。「再包摂」する必要性は、このような背景にあります。

ここまでの内容を整理しましょう。発達障害のある哲平が包摂される過程（図2）と、その哲平に感化されたり影響を受けた、つむぎ、俊介、笑里が再包摂される過程（図3）を描くと、次頁のようになります。顔のまわりの模様は、包摂／再包摂された状態を描いたものとご理解ください。矢印は、それぞれの存在が相互に影響を与えていることを意味します。

図2は、哲平がつむぎ、俊介、笑里とのやりとりにより、少しずつ包摂されていく状態をあらわしています。一般的に障害のある子どもたちは、教室内において少数派という弱い立場にあります。教員には、哲平を含む弱い立場の子どもたちが、思わず参加してみたくなるような学習の場を設定することが求められます。そんな哲平とのやりとりを通して、他の多数派の立場にいる子どもたち（つむぎ、俊介、笑里）が、哲平から何かを学ぶことが実感できれば、関係性はより対等なものへと近づきます。このような学びの実感を強い立場にいる子どもたちにもたせられるかは、教員の力量として問われるところです。

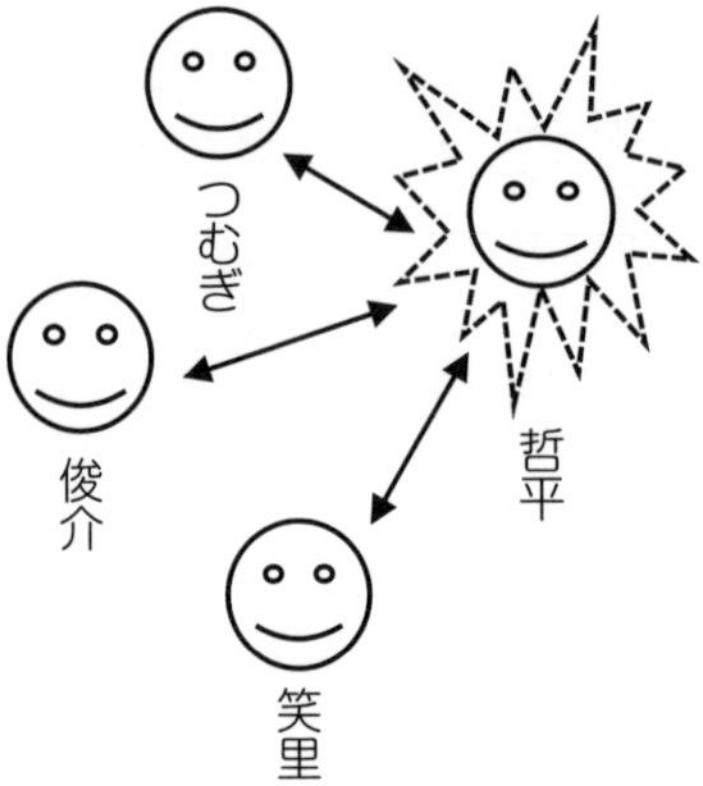

図２　包摂される過程

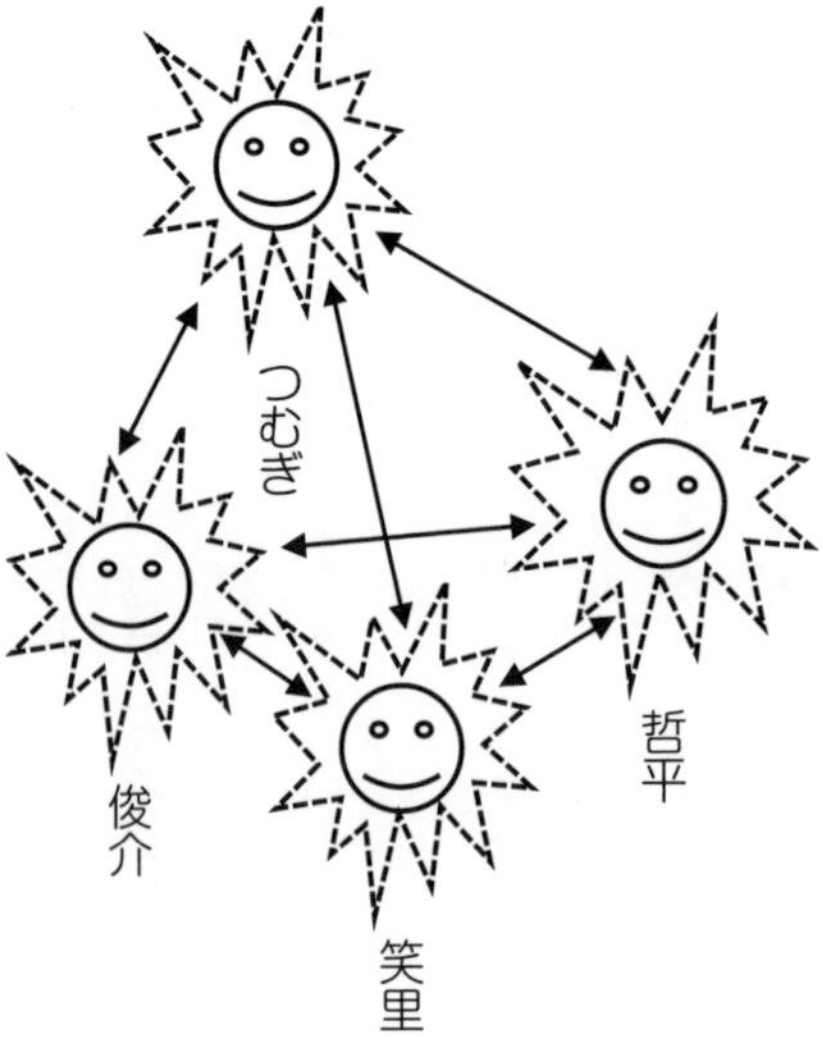

図３　再包摂される過程

次は図3をご覧ください。この図は、四人の間で対等な関係性が生まれ始めたことにより、それぞれが相互に影響し合い、包摂／再包摂されていく状態をあらわしています。包摂と再包摂が生まれるためには、子どもたち同士の承認が欠かせません。そしてそのためには、対等な関係性が土台にならなければなりません。

まとめると、図2から図3までの状態を迎える上で、教員には次の三点が求められます。

① 子どもたち同士の関係性を絶えず対等なものへと近づけること
② 子どもたちと丁寧に接し、人との丁寧なかかわり方を率先して示していくこと
③ 子どもたちが互いに承認できる学習活動の場面を設定すること

インクルーシブな授業とは、静的で固定的なものではなく、動的で可変的なものです。それゆえ、子ども同士の関係性や、子どもと教員との関係性次第では、すぐに離れたり壊れたりしてしまいます。

このことから、教員はまず、自身の置かれている立場の権力性を自覚することが必要で

す。その上で、教員は弱い立場に置かれている子どもたちを含む、すべての子どもたちと丁寧にかかわる姿勢を積極的に示し、子ども同士の関係性を対等なものへと近づけていくことが求められます。

連携の大切さについては先にも触れましたが、一番大切なことは、教員が子どもたちと連携しようとする意識をもつことにあります。

5　自立活動の考えに学ぶ

(1)　自立活動とは

通常学級の先生方を対象にしたインクルーシブ教育の研修会を開催すると、先生方からインクルーシブ教育に関する「お勧めの本」について尋ねられることがあります。

このような場合、私はまず『特別支援学校学習指導要領解説　自立活動編（幼稚部・小学部・中学部・高等部）』（二〇〇九年、海文堂出版）を勧めることにしています（以下、『自立』と省略）。二一〇円という価格の安さが勧める一番の理由ですが、この本には、障害のある子どもを理解するための知識や、インクルーシブな授業を実践するための手がかりが多く記載されているからです。

自立活動とは、特別支援学校の学習指導要領にある領域の一つであり、「社会の変化や幼児児童生徒の障害の重度・重複化、多様化などに対応し、障害のある子ども一人一人の教育的ニーズに応じた適切な教育や必要な支援を充実」させることを目的として設定されたものです（『自立』三頁）。なお、ここでの「自立」とは、「児童生徒がそれぞれの障害の状態や発達の段階等に応じて、主体的に自己の力を可能な限り発揮し、よりよく生きていこうとすること」を意味しています（『自立』三三頁）。

しかし、残念ながら、忙しさと特別支援学校とのかかわりの少なさからか、この本は通常学級を受け持つ先生方にほとんど読まれていません。そればかりか、本の存在すら知られていないのが現状のようです。

(2) 自立活動を実践するために

自立活動の内容は、「人間としての基本的な行動を遂行するために必要な要素」と「障害による学習上又は生活上の困難を改善・克服するために必要な要素」で構成されています。そして、それらの代表的な要素として設定された二六の項目が、「健康の保持」「心理的な安定」「人間関係の形成」「環境の把握」「身体の動き」「コミュニケーション」という六つの区分に分類・整理されています。特徴的なのは、教員が自立活動を実践する際、児童の実態に応じて必要な項目を二六の項目から選定し、それらを相互に関連づけて実践することにあります。

『自立』には、次のように記載されています。

> 小学校又は中学校の特別支援学級や通級による指導においては、児童生徒の障害の状態等を考慮すると、小学校又は中学校の教育課程をそのまま適用することが必ずしも適当ではなく、特別支援学校小学部・中学部学習指導要領に示されている自立活動等を取り入れた特別な教育課程を編成する必要性が生じる場合がある。（『自立』六頁）

このように、自立活動は特別支援学校だけで行われるものではなく、小学校・中学校の特別支援学級や通級での指導も含めて想定されています。

そして次の一文は、通常学級を受け持つ教員の多くが見落としていることでもあります。

なお、小学校又は中学校の通常の学級に在籍している児童生徒の中には、通級による指導の対象とはならないが障害による学習上又は生活上の困難の改善・克服を目的とした指導が必要となる者がいる。こうした児童生徒の指導に当たっては、本書に示した内容を参考にして適切な指導や必要な支援を行うことが望まれる。（『自立』六頁）

つまり、通常学級の教員は自立活動の内容を「参考にして適切な指導や必要な支援を行う」ことが求められる立場にあります。学校種にかかわらず、教員であればこの本の内容を熟知していなければならないのです。支援を要する児童が少しでも授業に参加できるためには、「この本を知らない」という状態は不十分であることがわかります。

(3) 自立活動に学ぶ自己理解と他者理解

『自立』に記載された六つの区分にある二六の項目は、次頁の通りです。

1　健康の保持	2　心理的な安定	3　人間関係の形成
(1)　生活のリズムや生活習慣の形成に関すること。 (2)　病気の状態の理解と生活管理に関すること。 (3)　身体各部の状態の理解と養護に関すること。 (4)　健康状態の維持・改善に関すること。	(1)　情緒の安定に関すること。 (2)　状況の理解と変化への対応に関すること。 (3)　障害による学習上又は生活上の困難を改善・克服する意欲に関すること。	(1)　他者とのかかわりの基礎に関すること。 (2)　他者の意図や感情の理解に関すること。 (3)　自己の理解と行動の調整に関すること。 (4)　集団への参加の基礎に関すること。
4　環境の把握	**5　身体の動き**	**6　コミュニケーション**
(1)　保有する感覚の活用に関すること。 (2)　感覚や認知の特性への対応に関すること。 (3)　感覚の補助及び代行手段の活用に関すること。 (4)　感覚を総合的に活用した周囲の状況の把握に関すること。 (5)　認知や行動の手掛かりとなる概念の形成に関すること。	(1)　姿勢と運動・動作の基本的技能に関すること。 (2)　姿勢保持と運動・動作の補助的手段の活用に関すること。 (3)　日常生活に必要な基本動作に関すること。 (4)　身体の移動能力に関すること。 (5)　作業に必要な動作と円滑な遂行に関すること。	(1)　コミュニケーションの基礎的能力に関すること。 (2)　言語の受容と表出に関すること。 (3)　言語の形成と活用に関すること。 (4)　コミュニケーション手段の選択と活用に関すること。 (5)　状況に応じたコミュニケーションに関すること。

項目全体をカテゴリー別に分けてみると、①自己の思いや感情への理解、②自己の身体への理解、③他者の思いや感情への理解、④他者とのかかわり方の理解、の四点にまとめることができます。

さらに大きくまとめるのであれば、自立活動とは、自己理解と他者理解の二つを基礎にかたちづくられ、二六の項目は、それぞれの理解を細分化したものだと考えることができるでしょう。

第3節での発達障害の説明の際にも確認した通り、そもそも障害者と定型発達者はスペクトラム（連続体）の関係にあります。障害者が必要とする支援は、そこに個人差はありますが、定型発達者も必要とする支援であると言えます。つまりこれら二六の項目は、通常学級に在籍する定型発達の児童においても、学ぶべきものとしてとらえることができるのです。

たとえば、『自立』の「3　人間関係の形成」「(3) 自己の理解と行動の調整に関すること」という項目では、「自分の得意なことや不得意なこと、自分の行動の特徴などを理解し、集団の中で状況に応じた行動ができるようになることを意味している」と説明されています（五〇頁）。学校文化においては、つい「できるようになること」ばかりが奨励され、「できない自分」や「弱い自分」、あるいは「少数派」という存在を認めたり理解したりする態度を忘れがちになります。この項目は、私たちが自己や他者と向き合う上で、目線の豊かさを取り戻す大切さを教えてくれます。

また、『自立』の「6　コミュニケーション」「(1) コミュニケーションの基礎的能力に関すること」の項目では、「話し言葉によるコミュニケーションにこだわらず、本人にとって可能な手段を講じて、円滑なコミュニケーションを図る必要がある」として、バーバル（言語）でのやりとり以上に、ノンバーバル（非言語）の重要性が強調されています（六九頁）。

加えて「周囲の者は、幼児児童生徒の表情や身振り、しぐさなどを細かく観察することにより、その意図を理解する必要がある」として、ノンバーバルを読み解く学びの意味に触れています（六九頁）。この項目は、障害の有無を問わず、人とかかわる上でノンバーバルを用いたり読み解いたりすることの大切さを教えてくれます。

これらは『自立』の中にある、ほんの一例です。自立活動の観点を教員一人ひとりが理解し、子どもの実態に応じて授業に導入することは、国語科授業をインクルーシブなものへと変える可能性を秘めています。

発達障害や他の身体的な障害のある子どもにとって、『自立』にある自己理解と他者理解の力の獲得をめざした授業が重要であることは間違いありません。国語科であれば、「自己理解と他者理解のことばの力」を育てるための授業が必要になります。

(4) 他者にきちんと頼ることのできる自立へ

ここまで、『自立』の内容を肯定的に紹介してきました。特に通常学級を受け持つ教員にとって、この本は示唆に富むものであり、必ず読まなければならないものです。

ただし、私は『自立』の内容を無批判に奨励しているわけではありません。たとえば、『自立』における「自立」の定義には少なからず疑問があります。

『自立』において「自立」とは、「児童生徒がそれぞれの障害の状態や発達の段階等に応じて、主体的に自己の力を可能な限り発揮し、よりよく生きていこうとすること」(『自立』三三頁)とあります。「主体的に自己の力を可能な限り発揮」することと、「よりよく生きていこうとすること」の二点が子どもに求められていることがわかります。逆に考えると、この二つの条件のどちらかを満たしていない場合、たとえば、よりよく生きていなかったり、自己の力を可能な限り発揮していなければ、その子どもはまだ自立できていない、と考える立場であるのが『自立』における「自立」の定義です。

しかし、自立の考え方は、果たして本当にそれでよいのでしょうか。『自立』における「自立」の定義において、一番の問題は、他者の存在がない（あるいは他者の存在がとても見えにくい）点だと私は考えます。

そもそも私たちは、障害のあるなしに関係なく、他者に頼って生きています。衣食住において、人（ヒト）としての他者に頼り、他者が準備した物（モノ）や、他者がかかわる出来事（コト）を通して、私たちは生きています。他者に頼っていることに対して自覚的でない人は、それを自覚しなくてよいぐらいに心地よく他者（社会）に守られていると考えることができるでしょう。

反対に、発達障害のある子どもを含む、様々な困難を生きる子どもや大人が生きづらさを感じる理由は、他者（社会）に守られていないからです。このことから、多数派としての定型発達の子どもや大人は、他者（社会）に対して十分に頼ることができているのに対し、少数派としての発達障害のある子どもや大人は他者（社会）に対してまだ十分に頼ることができていない、と考えることができるのです。

脳性まひの当事者である熊谷晋一郎氏は、「『依存していない状態』というイメージで、自立という概念がとらえられている」社会の傾向を確認した上で、自立と依存の関係を次のように述べています。

> はじめに確認しておきたいことは、「何にも依存せずに生きている人など、存在しない」という単純な事実である。私たちの日常は、「行為」と「知覚」との絶えざる循環によって、維持・更新され続けている。そして、行為にしても、そこに分かちがたく結びついた知覚にしても、それを可能にする（afford する）、自己身体、モノ、他者身体、重力場、電磁場、大気、制度、慣習といった膨大な物理的・人的環境の支え（affordance）に「依存」している。（略）障害者とは、「多くの人々の身体に合うようにデザインされた物理的・人的環境」への依存が、多くの人とは異なった身体的特性を持つことによって妨げられている人々のことである、と解釈することができるだろう。（略）障害者とはいつま

でも何かに依存している人々ではなく、いまだ十分に依存できていない人々だととらえることもできるのである。（熊谷晋一郎「依存先の分散としての自立」村田純一編『知の生態学的転回2　技術　身体を取り囲む人工環境』東京大学出版会、二〇一三年、一一〇頁）

熊谷氏の論を踏まえると、自立をめざして子どもたちを育てるということは、他者に依存できるようになること（私のことばで言い換えれば、他者にきちんと頼ることができるようになること）を意味します。国語科では、「他者ときちんとかかわることば」を獲得しなければなりません。このためには、他者だけでなく、他者を前にした自分自身とも向き合い、かかわることができるようにならなければなりません。

幸い国語科には「伝え合う力」を育てるという大きな目標があります。国語科の目標は「伝え合う力」の獲得だけではありませんが、私は、インクルーシブな国語科授業の目標論の基盤に、「伝え合う力」を支える「自己理解と他者理解のことばの力」の獲得を位置づけたいと思います。

すでに『小学校学習指導要領解説　国語編』に記載された「伝え合う力」に対し、あらためて「自己理解と他者理解のことばの力」という光をあてることにより、これまで見過ごしてきた大切な指導事項が浮き彫りになるはずです。同時に、まだ記載されていない指導事項を、私たち教員や研究者が構想し、実践していくことが求められています。

6　発達障害と貧困との関連性

(1)　子どもの貧困と発達障害とのつながり

ここでは、近年様々な場で取り上げられている子どもの貧困について考えてみたいと思います。

経済的貧困状態が家庭で続く場合、虐待を生み出すリスクが増大すると言われています。ここでの虐待とは、①身体的虐待、②ネグレクト、③性的虐待、④心理的虐待の四つを意味します。医療現場で子どもとかかわってきた杉山登志郎氏は論文「子ども虐待」の中で、虐待の後遺症が「広汎性発達障害や注意欠陥多動性障害などの発達障害と非常に類似した臨床像を呈する」ことを指摘しています（茂木俊彦編『特別支援教育大事典』旬報社、二〇一〇年）。

第3節の発達障害の説明の際にも確認した通り、障害者と定型発達者はスペクトラム（連続体）の関係にありますが、経済的貧困の状態にある子どもや虐待を受けている子どもは、より発達障害に近似した身体となることがわかります。「発達障害のある子ども」と言った場合、単に診断名の有無を確認すればよいのではなく、経済的貧困状態のある子どもや、虐待を受けてきた子どもなど、様々な角度から子どもたちを見つめなければなりません。

すでに多くのセルフヘルプグループが実践し、その効果を証明しているように、他者の前で思いを言語化する行為には、傷ついた自己を回復させる機能や、不安定になった自己の輪郭をかたちづくる機能があります。発達障害のある子どもたちを含むすべての子どもたちが、その自己の不安定さからトラブルに巻き込んだり巻き込まれたりする前に、国語科授業では、人間関係やコミュニケーションについて考える場を設けることが欠かせません。教育内容の観点で言えば、これが一番の近道のように思います。

(2) 暴言や暴力行為を繰り返す菜摘

私が小学校教員のときに担任として受け持った小学四年生の菜摘の家庭も、経済的貧困状態にありました。

菜摘は「ぶっ殺すぞ」「死ね」「カス」「バカ」「誰に口聞いてんじゃ、コラ」「つまらん」などの暴言を教員や友人に繰り返しぶつけていました。友人と喧嘩をする場合は、相手の腕に自分の爪を食い込ませて血が出るまで手を放さなかったために、子どもたちの多くは菜摘と距離を置いていました。

菜摘の家庭では、職業が不安定な父親が暴力的な言動を家族に繰り返していました。母親が父親から日常的に殴られるのを見ていた菜摘は、母親にも父親にもことばを失い、その怒りをクラスの友人や教員にぶつけていたのです。

子どもの貧困の研究者である阿部彩氏は、貧困が子どもに及ぼす影響の一つに「子どもから自己肯定感や将来の希望を奪うこと」を指摘しています（阿部彩『子どもの貧困Ⅱ―解決策を考える』岩波書店、二〇一四年）。菜摘のように貧困を理由に自己肯定感を失った子どもたちが多くいることは、教育現場では広く知られていることでもあります。日本の子どもの貧困率は二〇〇九年の時点で一五・七％であり、子どもの六人に一人が貧困状態にあります（『平成二二年国民生活基礎調査』）。

国語科授業に携わる私たちは、菜摘を含むすべての子どもたちの自己肯定感を回復させていく授業や、将来への希望をもつことができるような授業を構想し、実践していかなければなりません。

7　物語文「ごんぎつね」を用いた授業の事例

第5節「自立活動の考えに学ぶ」において、私は発達障害のある子どもを含むすべての子どもたちに、「自己理解と他者理解のことばの力」の獲得をめざした国語科授業が必要だと述べました。

国語科という限られた制度的な時間数の中で、インクルーシブな授業の実現をめざすには、すべての子どもたちの授業参加をめざすだけでなく、既存の国語科の枠組みの目標や内容を「今」を生きる子どもたちに必要なものへと変えていくことが必要です。

第6節「発達障害と貧困との関連性」にて登場した菜摘とのかかわりについて、ここでは国語科授業の観点から考えてみたいと思います。

菜摘を前にした教員としての私は、「自己理解と他者理解のことばの力」の獲得を念頭に置きつつ、コミュニケーションを学ぶ授業をすることに決めました。扱った教材は「ごんぎつね」です。

単元の概要は次の通りです。

単元名　「コミュニケーションについて考えよう」
学習目標　ごんと兵十のすれちがいを通して、コミュニケーションの理解を深めることができる。
活動目標　コミュニケーションについての自分の考えを書いて交流することができる。
単元の流れ
第一時　「ごんぎつね」の全文を音読する。
第二時　わからない語句をグループで調べ、物語の意味がだいたいわかるようにする。
第三時　感想や意見を書く。
第四時・第五時　感想や意見の交流会。
第六時　ごんと兵十のすれちがいを踏まえて、コミュニケーションについての自分の考えを書く。

第七時　コミュニケーションについての交流会。
第八時・第九時　本文にある「家内」ということばから、かくれた差別について考える。

鶴田清司氏は、ごんぎつねに関する授業実践史の考察の中で、「これからの課題と授業づくりのヒント」として「伝承の物語として読むこと」と「作品を批評すること」の二点を挙げています（「新美南吉「ごんぎつね」の授業実践史」浜本純逸監修・松崎正治編『文学の授業づくりハンドブック第2巻―授業実践史をふまえて　小学校・中学年編／詩編』溪水社、二〇一〇年、一四六頁―一四七頁）。私はさらに三点めとして、「子どもたちが自身のコミュニケーション観を語るツールとして読むこと」を提案したいと思います。

教員である私は、ごんと兵十のすれちがいの箇所を授業で取り上げ、自分の経験と結びつけて語るように子どもたちに求めました。その後、菜摘は次のことばを残しました。

せつない。2人ともかわいそう。やよい（原田注、菜摘の友人の名前）とうちの関係ににている。どっちもどっちでわるいと思う。私とやよいがけんかしてなかなおりしようとするんだけど、まわりのともだちがわるぐちをいってなかなおりしなくていいじゃんといわれるので、なかなかなかなおりできないんだけど、さいしゅうてきにはなかなおりして、もとの2人にもどる。

菜摘のこのことばを機に、他の子どもたちが沈黙して考えるようになりました。菜摘がまわりの友だちの影響を強く受けていたことや、仲良くしたいという思いをもっていたことに、子どもたちの多くが気づいたのでしょう。

また、次の舞衣のことばは、菜摘に強い影響を与えました。

2007年の夏ぐらいに、友達の教科書をかりて教科書にらくがきをして、絵を書いてしまって、ゴメンネといっかいあやまった時はゆるしてもらえたけど、昼休みにはなしかけてもむしされ、3回ぐらいあやまっても、ゆるしてもらえず、手紙で、2回目だけど、やはりゆるしませんと手紙でかかれ、もういらついて母さんにゆ《ママ》って、「おわり」になった。まだ、なかよしでわ《ママ》ない。私は、ごんであり、兵十でもあります。ごんの理由は、なんかいもあやまっている所。兵十の理由は、らくがきをしてしまって、人の絵を書いてしまったことです。（傍線は原

田）

授業の中で菜摘は、舞衣のこのことばを繰り返し読んでいました。私はその菜摘の姿から、菜摘は「私は、ごんであり、兵十でもあります」という舞衣のことばに自身の現状を重ねていたのではないかと考えました。家庭で暴力の被害を受けている自身の体験（＝銃で撃たれたごん）と、学校で暴言や暴力を繰り返す自身の体験（＝銃で撃つ兵十）とが重なり、菜摘独自のコミュニケーションをめぐる気づきや深まりがあったのではないかと想像しました。

意見交流会では、学力的な難しさから普段は授業に参加しようとしない由里や美雪が自身の経験と結びつけて語る姿が見られました。そして、その姿を見て喚起された他の子どもたちが新たに書き始める事態も生まれました。教員である私も自身の吃音から生まれるコミュニケーションの難しさを語ることで、交流会に参加しました。

貧困を背景にした菜摘の過酷な環境は、当然のことながら、一つの授業や単元などでは変わるはずがありません。ただ、菜摘に生まれた変化として、この授業を機に「あやまるときのことば」と「アドバイスのことば」を見つけたことが挙げられます。いずれも、交流会の中で菜摘は友だちにあやまり、友だちにアドバイスをすることができました。菜摘自身もワークシートの中で「あやまることができたのは、私にとってきせき」と書き残していました。

菜摘はコミュニケーションをめぐる理解を深めたことにより、「自己理解と他者理解のことばの力」を獲得したのだと思います。また、これらの力の獲得により、人とかかわる上で必要な自己肯定感を回復させたのでしょう。

コミュニケーションを学ぶ教材として教科書を見つめ直してみると、「ごんぎつね」以外にも、「お手紙」、「カレーライス」、「ヤドカリとイソギンチャク」など、様々に見つけることができます。インクルーシブな国語科授業の実現に向けて、「子どもの実態を踏まえたコミュニケーションを学ぶ国語科授業」が、よりいっそう求められています。

8　説明文「ヤドカリとイソギンチャク」を用いた授業の事例

第7節では、コミュニケーションを学ぶ教科書教材として、物語の「ごんぎつね」を使った授業を紹介しました。

ここでは説明文の「ヤドカリとイソギンチャク」（東京書籍、四年上）を用いた授業を紹介します。同じく、私が小学校教員として取り組んだ授業です。

単元の概要は次の通りです。

単元名　「生き物の関係性について考えよう」
学習目標　生き物の関係性を学び、人間同士の関係性について考えることができる。
活動目標　生き物の関係性について調べ、レポートにまとめて交流することができる。

単元の流れ

第一時・第二時　全文を音読して、初読の感想を書く。
第三時　初読の感想の交流会。
第四時・第五時　『さんご礁のなぞをさぐって』を読み、「共利共生」「片利共生」「寄生」について考える。
第六時　生き物の関係性について、自分の考えをまとめる。
第七時・第八時　他の生き物の関係性について調べ、レポートにまとめる。
第九時・第十時　レポートの交流会。

『新編新しい国語四上』（東京書籍）の「てびき」（三九頁）を確認すると、「ヤドカリとイソギンチャクの関係について、筆者がどのように説明しているかをとらえ、感想を伝え合おう」とあります。この問いをとらえ直すと、人と人との関係性に置き換えて考えることが可能な教材であることがわかります。

本単元では、副教材として、教材の原作も子どもたちに紹介しました（武田正倫『さんご礁のなぞをさぐって―生き物たちのたたかいと助け合い』文研出版、一九九〇年）。

筆者は原作で「共利共生」「片利共生」「寄生」という考えを提示し、それぞれの用語を次のように説明しています。

※「共利共生」：「二種類の動物のどちらが欠けても成り立たないような強い協力関係」（一七頁）
※「片利共生」：「二種類の動物がいっしょに生活していて、片方だけが利益をえて、もう一方には害がないという関係」（三五頁）
※「寄生」：「できるものなら追い出したいめいわくな相手」（三五頁）

筆者の文章を配布したあと、教員である私は、生き物だけでなく人間の場合でもこのような関係性があるのかどうか、また、人間でもこのような関係性がある／ない場合、そう考えたのはなぜかを子どもたちに問いかけました。

泰希は「おれと兄ちゃんの関係は寄生！　兄ちゃん、すぐにおれをぶってくるし！」と答え、陽平は「ぼくと弟の関係は共利共生。仲いいし」と答えました。菜摘は「私と妹の関係は片利共生。妹は私の物をよくとってくるし、死ねとかアホとか言ってくる」と答え、舞衣は母親との関係を「共利共生」ということばで説明を試みたあと、途中で「片利共生かもしれない」とことばをつまらせて答えました。

子どもたちは発言することや書き出すことを楽しみながらも、自分と親しい誰かとの関係を名づけたり、理由を考えたり、名前をつける是非を真剣に考えることができました。また、この単元により子どもたちのコミュニケーション観が深まっただけでなく、教材の読みも深まり、「読むこと」や「書くこと」の指導事項を十分に獲得できたことも重要な点です。

加えて、学力的に難しい子どもたちが積極的に発言したり、書いたり、聞いたりする様子が見られました。発達障害のある泰希の発言はその好例であり、さらに泰希に感化された定型発達の陽平が自分のことばで語り始めた姿に、私は「包摂」と「再包摂」の状態を見ました。

むろん、この背景には、子ども同士の深い信頼関係が欠かせません。教員には、どこまで子どもたちの内面に踏み込むべきか、タイミングを見定めることが求められます。

本章では、発達障害のある子ども理解と国語科授業のあり方について論じてきました。

「今」を生きる子どもたちの実態に根差したインクルーシブな国語科授業づくりは、今後いっそう求められていると言えるでしょう。

第Ⅱ章

アクティブ・ラーニングをめぐる考え方

1　アクティブ・ラーニングが生まれた背景と課題

(1)　アクティブ・ラーニングが生まれた背景

アクティブ・ラーニング（以下「ＡＬ」）という用語が中央教育審議会の答申に登場するのは、『新たな未来を築くための大学教育の質的転換に向けて』（二〇一二年八月）からです。この用語集の中で、「ＡＬ」は「教員による一方向的な講義形式の教育とは異なり、学修者の能動的な学修への参加を取り入れた教授・学習法の総称」と定義されています。また、具体的な活動例として、発見学習、問題解決学習、体験学習、調査学習、グループ・ディスカッション、ディベート、グループ・ワーク等が挙げられています。

この二年後の「初等中等教育における教育課程の基準等の在り方について（諮問）」（二〇一四年一一月）においても「ＡＬ」は頻繁に取り上げられました。さらに、二〇一五年九月に教育課程企画特別部会から出された「論点整理」では、「ＡＬ」の必要性がよりいっそう強く主張されており、二〇一六年八月に出された「次期学習指導要領等に向けたこれまでの審議のまとめ」においても触れられています。

このため、次期学習指導要領国語編においても、「ＡＬ」が重要な概念として位置づく可能性があると考えられています。学習指導要領に明記されるようなことになれば、国語科授業そのもののあり方が問われます。仮に明記されなくても、ここまで「ＡＬ」の用語が認知されている以上、教育現場に与える影響は少なからずあると考えます。私たちは、今のうちに、「ＡＬ」について理解することが大切です。

「ＡＬ」とインクルーシブな国語科授業づくりは不可分の関係にあります。インクルーシブな国語科授業を実現する上で、「ＡＬ」は可能性に拓かれています。その一方で、「ＡＬ」には課題が残されていることも事実です。「ＡＬ」とインクルーシブな国語科授業づくりの関連性については、本章の最後で触れたいと思います。

(2) アクティブ・ラーニングの基本的な考え方と課題

そもそも、「ＡＬ」とは何でしょうか。「アクティブ」を単純に訳せば、「能動的」「主体的」「積極的」「自発的」などの意味になります。つまり「ＡＬ」とは「能動的な学び」となりますが、これではよくわかりません。二〇一六年八月に教育課程部会から出された「次期学習指導要領等に向けたこれまでの審議のまとめ」では、「主体的・対話的で深い学び」と説明されています。しかし、これもまたよくわからないものです。

ここで、「ＡＬ」の基本的な考え方について確認してみましょう。

ボンウェルとアイソンは、『Active Learning』（一九九一年）という本の中で、「ＡＬ」の特徴を、次の五つにまとめています。

① 学生は授業を聴く以上の関わりをしていること
② 情報の伝達より学生のスキルの育成に重きが置かれていること
③ 学生は高次の思考（分析、統合、評価）に関わっていること

④　学生は活動（読む、議論する、書くなど）に関与していること
⑤　学生が自分自身の態度や価値観を探求することに重きが置かれていること

①から⑤のすべてに「学生」という表現があるように、もともと「ＡＬ」は大学での講義形式を中心とする授業（教員が学生に対して一方的に知識を与える授業形式）を、よりアクティブな学びに変革する目的で主張された経緯があります。

ボンウェルたちの考えを取り入れつつ、近年の「ＡＬ」に関する文献を整理した溝上慎一氏は、「ＡＬ」について「一方向的な知識伝達型講義を聴くという（受動的）学習を乗り越える意味での、あらゆる能動的な学習のこと。能動的な学習には、書く・話す・発表するなどの活動への関与と、そこで生じる認知プロセスの外化を伴う。」と説明しています（溝上慎一『アクティブラーニングと教授学習パラダイムの転換』東信堂、二〇一四年、七頁）。

溝上氏の論を踏まえた上で、さらに松下佳代氏は、「深い学習」「深い理解」「深い関与」という三つの観点を提示し、ただ単に「アクティブ」に思える学習活動を設定するのではなく、学習者の〈内的活動における能動性〉が深まるような視座がこれからの「ＡＬ」の理論に必要だと主張しています（松下佳代ほか『ディープ・アクティブラーニング―大学授業を深

化させるために』勁草書房、二〇一五年)。

ところで、溝上氏が主張する「ＡＬ」には、ボンウェルたちが提起した⑤の「態度や価値観の探求」の観点が十分に取り入れられていません。また、松下氏が述べる〈内的活動における能動性〉においても、その内実は十分に検証されているわけではありません。

加えて、溝上氏や松下氏は「ＡＬ」について高等教育の文脈で論じているのであって、初等・中等教育における国語科で学習者に育成すべき態度・価値観や、学習者が能動的に活動に関与する条件について明らかにしているわけではありません。

よって、「ＡＬ」の課題には、次の二点が挙げられます。

① 「ＡＬ」の内実はまだ十分に解明されているわけではないこと
② 小学校段階における国語科の「ＡＬ」の理論を新たにつくる必要があること

このような課題があることを踏まえた上で、国語教育に携わる私たちは、「ＡＬ」と向き合う必要があるのです。

2　アクティブな状態とは

秋田喜代美氏は、「ＡＬ」の現状について「その具体的実践や学びのありようの認識はきわめて多様なものであり、混乱の中での乱立となっている」と述べています（秋田喜代美「子どもの学びと育ち」小玉重夫ほか編『岩波講座　教育　変革への展望1　教育の再定義』岩波書店、二〇一六年、一一六頁）。国語科においても、まさにこの状態が続いていると言えるでしょう。「ＡＬ」を論じる研究者すべてをここで取り上げることは難しいので、インクルーシブな国語科の授業づくりを見通しつつ、主に重要だと思われる論を展開している人物に限定して見てみたいと思います。

まずは、あらためて「アクティブ」とは何を意味することなのかを考えてみましょう。

教育哲学者の苫野一徳氏は、「自分が最も〝アクティブ〟になれる学びのあり方は、人それぞれ異なっているもの」であるとし、「できるだけ一人で引きこもって本を読みあさる学び」を自身が好むことを紹介した上で、「能動性と見た目の活発さとは、けっしてイコールではないことを、私たちは十分理解しておく必要がある」と述べています（苫野一徳「アクティブ・ラーニングのテツガク」『教職研修』五二五号、教育開発研究所、二〇一六年、五九頁）。

苫野氏の考えに近いことを、藤森裕治氏はより現場に根差したかたちで、次のように指摘しています。

> ＡＬにおけるアクティブ（能動的）とは、子どもの精神状態を指します。「どうしてだろう？　どうすればいいのだろう？　どうなっているのだろう？　これでいいのかな？　こうしてみよう」などと考えながら、課題に対して自ら調べたり、分析したり、悩んだり、閃いたりすること。そしてそれを教師や級友とかかわりながら豊かに展開すること。これがＡＬにおけるアクティブの本質です。（藤森裕治「アクティブ・ラーニングの評価法」『教育科学国語教育』七九四号、明治図書、二〇一六年、一七頁）

加えて藤森氏は、「今日の学びがいかにアクティブであったかどうかを判断する主体は、当の子ども自身」（一九頁）であるとし、「ＡＬの評価」を「子どもとの語り合いを通してなされる成長への励まし」（二一頁）と意味づけています。

秋田喜代美氏も同様に、「授業者から見て、アクティブ・ラーニングのための活動や型を実施することと、子どもたちが能動的に没入し主体的な学びが保障されることとは、必ずしも一致しないという認識を持つこと」を主張しています（秋田喜代美「子どもの学びと育ち」小玉重夫ほか編『岩波講座　教育　変革への展望1　教育の再定義』岩波書店、二〇一六年、一二一頁）。

苫野氏と藤森氏と秋田氏の「アクティブ」に対する考え方で共通していることとして、次の三点が挙げられます。

① アクティブとは、子どもの精神活動であること
② 見た目の活発さとアクティブ（能動性）はイコールではないこと
③ アクティブであったかどうかを決めるのは、子ども自身であること

「ＡＬ」を主張する研究者の多くが動的な活動を重視する傾向がある中で、静的な活動

もきちんと授業に取り入れていくことの大切さがわかります。「ＡＬ」で重要なのは、見た目ではなく子どもの内面で起きていることであり、子ども自身が授業に「アクティブ」に参加できていたことを自覚できることにある、と言えるでしょう。

3　アクティブな国語科授業にむけて

(1)　能動的な没入とフロー体験

それでは、秋田氏が述べるような「子どもたちが能動的に没入し主体的な学びが保障されること」とは、国語科授業の文脈で引き受けると、どのように考えればよいのでしょうか。

子どもたちの「能動的な没入」とは何かを理解する上で、心理学者であるチクセントミハイの「フロー体験」の考え方が参考になります。

チクセントミハイは、フロー体験を「一つの活動に深く没入している他の何ものも問題とならなくなる状態」「その経験それ自体が非常に楽しいので、純粋にそれをするということのために多くの時間や労力を費やすような状態」だと説明しています（チクセントミハイ・今村浩明訳『フロー体験　喜びの現象学』世界思想社、一九九六年、五頁）。

また、チクセントミハイは「フローしている時、人は最善を尽くし、たえず能力を高めねばならないような挑戦を受ける」（八四頁）とし、他者（あるいは自己を超えた思想や実体）との「差異化」や「統合化」を繰り返すことによって「自己の成長」が認められると論じています（五二頁）。加えてチクセントミハイは、フロー体験が生まれやすい条件に、「目標を志向し、ルールによって拘束される活動」を挙げています（六三頁）。

フロー体験は私たちの生活の様々な場面で見られますが、学校教育の場で言えば、子どもたちの「ごっこ遊び」を挙げることができるでしょう。休憩時間、何かに夢中になって（それこそ没入して）遊んでいるうちに、終了時間を過ぎてしまっていたという経験は、私たちの多くが思い当たることだと思います。フロー体験の意義をすでに国語科で取り上げている難波博孝氏もまた、「授業が息苦しいものであればあるほど、私たちは『私』を回復するために、あらゆる手段を使って、『遊ぼう』とする。つまり『フロー体験』を得ようとするのである」と述べ、遊ぶこととフロー体験との関連性を指摘しています（難波博孝『母語教育という思想―国語科解体／再構築に向けて』世界思想社、二〇〇八年、一九三頁）。

さて、国語科授業で考えてみると、チクセントミハイが述べる「目標を志向し、ルールによって拘束される活動」とは、そのまま授業の場が当てはまることがわかります。ただし、目標を志向しているのが教員だけであれば、子どもたちに授業内容とかかわるフロー体験は起きず、むしろ、その授業の退屈さから、授業をやり過ごすだけの（ノートの端にマンガを描いて時間をつぶすような）授業内容と関係のないフロー体験が起きてしまうかもしれません。教員は、単元全体の活動の目標や、一つひとつの授業の活動の見取り図について、子どもたちと丁寧に共有することが大切になります。そして、その活動は子どもたちにとって、「思わず友だちや教員と一緒に遊んでみたくなるような楽しいもの」でなければなりません。

もちろん、現実的には、すべての活動時間を「楽しいもの」にすることは難しいでしょう。子どもたち一人ひとりに差異があるように、楽しさへの興味・関心にも差異があるからです。「三五人全員が常に没入できるほど楽しい」ということは、確率的にあり得ないことですし、そのように子どもたちが見えるのであれば、それは教員や研究者の幻想でしかありません。

また、何かを学ぶことは、必ずしも楽しいことばかりではありません。特に差別や暴力の問題など、コミュニケーションをめぐることばの学びについては、楽しくなくても向き合わなければならないこともあります。いじめの問題など緊急を要することであれば、加害者／被害者になった子どもたちの内面に、教員の側から深く踏み込まなければならない瞬間があることも事実です。

その上で言えば、私たち教員は、一つの授業の中で一分でも一秒でも、子どもたちが「楽しい」「うきうきわくわくする」「参加してみたい」と思ってくれるような授業を想像し、実践し、検証する義務があります。子どもたちにフロー体験のような夢中になれる時間が少しでも生まれれば、そのときの子どもたちの精神活動は「アクティブ」な状態にあるからです。

「アクティブな国語科授業」にむけて、私たちは、子どもにとっての楽しさを見つめ、子どもの楽しさから生まれることばの学びを考えなければなりません。

(2) 人間関係を育むためのアクティブ・ラーニング

「量」と「質」の観点から「ＡＬ」を充実させることを提案する吉川芳則氏は、「ＡＬ」と人間関係を育むこととの関連性について、次のように述べています。

> アクティブ・ラーニングは、講義型、一斉型以外の多様な学習形態、学習活動を呼び込みます。そこでは、生徒同士が相互にかかわり合いながら、学習を進め、新たな知を発見し、創り出す行為が欠かせません。（中略）自他ともによき学びに至ることが大事であること、自分にとって意味ある学びは仲間にとっても意味があるのだということ、メンバーの理解が深まることはそのまま自分の理解の深まりでもあること。これらが実感できるような課題の設定、振り返り（メタ認知）の場の設定等を工夫したいものです。協力し、全員がよい学びができている（できた）ことを、その都度評価する教師のかかわり方も重要になります。（吉川芳則編『アクティブ・ラーニングを位置づけた中学校国語科の授業プラン』明治図書、二〇一六年、一二頁）

吉川氏の指摘は中学校での国語科授業のものですが、インクルーシブ教育の観点から小学校の国語科授業を考える本書の立場と重なります。「ＡＬ」をめぐる文献の多くは活動としての「量」と、学びとしての「質」のみが問題にされがちですが、吉川氏はそれに加えて「人間関係を育む」という新たな視点を国語科授業に提示しているのです。

発達障害のある子どもたちを含む、支援を要する子どもたちの多くが、クラス内で弱い立場にあることは想像に難くありません。社会学者の鈴木翔氏が指摘した「スクールカースト」のような子どもたちの力関係は、小学校現場でも見られます（鈴木翔『教室内カースト』光文社、二〇一二年）。

ことばの学びを子どもたちにとってより豊かに、より深いものにするためには、子ども同士にある力関係をより対等なものへと近づけることが必要です。力関係が強固に存在する場では、吉川氏が述べるような「自他ともによき学びに至ることが大事であること」という発想が子どもたちに生まれにくいからです。

子ども同士のより対等な関係性の中で、互いにことばを学び合うような状態を「ＡＬ」を通してめざすことが教員に求められます。前章でも触れたように、「子ども同士のより対等な関係性の中で、互いにことばを学び合うような状態」とは、インクルーシブ教育がめざす姿でもあります。

つまり、人間関係を育むことも含めた「ＡＬ」を追求し、実践することは、そのままインクルーシブ教育の実現をめざすことと重なるのです。インクルーシブな国語科授業づくりを考える上で、「ＡＬ」の観点を導入する理由はここにあります。

以上、「ＡＬ」について、国語科授業と結びつけて考えてきました。教員が注意すべきこととしてまとめると、次の三点になります。

① 子どもが思わず参加してみたくなるような楽しい学習活動（授業展開）を考えること
② 子どもが楽しいと感じる活動から生まれることばの学び（指導事項）を考えること
③ 子どもたちの人間関係を育むような視点を学習活動やことばの学びに導入すること

第Ⅲ章

インクルーシブな国語科授業をめぐる10のQ＆A

Q1 実際に授業で非言語を意識した授業方法を取り入れてみたいのですが、具体的な指導例を教えてください。

A1 非言語を意識した授業方法は、保育に学びましょう。

私が小学校の国語科授業で非言語の授業方法を強調するのは、たとえば低学年で取り組まれていた絵本の読み合いなどの活動が、高学年では「発達的に幼いもの」として位置づけられ、「活字だけの児童文学を読むこと」が推奨される傾向が学校現場にあるからです。

高学年の教室の本棚を見ていると、『はだしのゲン』や歴史上の人物を描いたマンガを見ることはあっても、絵本を見ることはほとんどありません。このことは、高学年の通常学級に在籍する支援を要する子どもたちの居場所を奪う要因の一つでもあります。

絵本を中心とする非言語でつくられたもの（「スイミー」の原作の絵本など）を国語科

授業で用いたり、「スイミー」の読解に加えて絵を描く時間を設けることで、言語だけのやりとりでは理解が難しくて授業に参加できなかった子どもたちに参加する契機が生まれます。

具体的な授業方法については、次のものが考えられます。

・絵本
・紙芝居
・手遊び
・ペープサート
・エプロンシアター

保育の視点を活用した指導の発想は、特別支援学級や特別支援学校ではすでに導入されています。通常学校においては、低学年の中でも保育に造詣の深い教員以外では、あまり取り組まれていないのが現状です。私たち国語教育関係者は、非言語の豊かな世界を生きる子どもたちの発達に学び、保育の知識や技能を授業に取り入れる発想をもたなければなりません。

Q2 国語科で非言語の授業方法を取り入れたいのですが、既存の教科書教材で使えるものは何かありますか？

A2 まずは「話すこと・聞くこと」の単元で探しましょう。

国語科の言語活動の「話すこと・聞くこと」「書くこと」「読むこと」の中で、「話すこと・聞くこと」では「相手を見たり」などの身体動作に関する指導事項があります。

たとえば、「話す言葉は同じでも」（光村図書、四年上）では、「そう、それはよかったね」と答える「たかしさん」の言動の意味と、その返事を聞く「ひとみさん」の気持ちについて考える教材になっています。また「そんなことないよ」という返事をたかしさんが間をおいて答える場合と、間をおかずに答える場合の違いについて考えるものとなっていて、非言語とは何かを考える上でお勧めです。

「言葉のいろいろな表じょう」（学校図書、四年下）では、給食をこぼした主人公の「ぼく」に対して「だいじょうぶ？」と声をかけてきた四人の「だいじょうぶ？」がイラストつきで紹介されています。

一人めの「だいじょうぶ？」は本当に心配しているように。

二人めの「だいじょうぶ？」は義理で声をかけているように。

三人めの「だいじょうぶ？」はちょっと笑いを含んだ声で。

四人めの「だいじょうぶ？」はちょっとばかにしたように。

イラストから考えることもできますし、子どもたちと一緒に「だいじょうぶ？」を演じてみたり、他の「だいじょうぶ？」がないか考えてみたりと、非言語の展開はふくらみます。教科書教材を探す際は、まず「話すこと・聞くこと」から探してみましょう。

Q3

読解指導の際、子どもが話す内容が、教科書の文章内容から離れてしまうことがよくあります。

A3

その子なりの「理由（わけ）」を評価しましょう。

読解の際、子どもから生まれたその思いや意見が、文章（本文）から出たものなのか、自分の経験から出たものなのか、数分前に友だちが述べた意見に関連して思いついたことなのか、あるいはそのすべてなのか、わからなくなることは少なくありません。

永田麻詠氏がすでに学会で報告していることですが（永田麻詠、第五〇回日本教育方法学会ラウンドテーブル「インクルーシブ授業の成立と構造を考える」報告資料、二〇一四年）、発達障害のある子どもや他の難しさのある子どもは、どちらかと言うと自分の経験の内容を先行させて話す傾向があるように思います。一方、定型発達のいわゆる「学力が高い」とされているような子どもの場合は、文章内容とつなげて話すことができる代わりに、自分の経験や思いを話すことが苦手な場合が少なくありません。

ただし、授業は集団で学ぶ場です。前者の傾向のある子どもは後者の発言から、後者の傾向のある子どもは前者の発言に学ぶことができます。

私が小学校教員として取り組んだ事例で言えば、子どものどのような思いや意見であれ、その「理由（わけ）」を本人が自覚できているかどうかを評価の際に重視しました。理由を述べることがロボットのように自動化しては困りますが、子どもたちと教員との間で理由を述べることの必要性（「思ったことを言うとき、○○さんがどこからそう考えたのか言ってくれると聞いていてわかりやすいね」など）をきちんと共有できていれば、低学年でも自分なりの理由（わけ）を意識して語ることは十分に可能です。

Q4
「主題」とかけ離れた子どもの思いや意見に対する評価は、どう考えればよいでしょうか。

A4
やはり、その子なりの「理由（わけ）」が大切です。

あえて、Q3と同じ解答を並べたのは、この解答が本書で最も大切にしたい考え方の一つであり、教員が発達障害のある子どもたちとかかわる上でも重要だからです。

一見「主題とかけ離れた」と思える思いや意見でも、その子なりの理由（わけ）から生まれています。評価する際は、まずはそのように述べた理由を子ども自身に語ってもらうことが重要です。この「理由（わけ）」を自分のことばで述べることができるかどうか」を、評価の第一の視点に置きたいと私は考えています。

物語作品であれ説明文であれ、ある作品や文章に「主題」というものがあるかどうかについては、これまでも文学教育研究者を中心に繰り返し議論されてきました。私は子ども時代に「おかしな」（と一般的に思われる）解釈をしてしまい、思いや意見を述べるたびに不思議そうな顔をされてきた苦い経験があります。当時の私を救う意味においても、「主題」というものは教員の側から特別に意識させる必要はないというのが、私の立場です。

また、子どもが自分の思いや意見の理由を言う際に、本文からなのか、自分の生活体験からなのか、友だちの意見からなのかなど、自分がどこから語ろうとしているのかを考えて言うことができたら、さらにより高い評価をしたいと考えています。もちろん、そのように互いに評価することを、子どもたちと共有した上での話です。

Q5

子どもたちがことばを学ぶ上で、自分の「できないこと」と向き合うことが大切なのはなぜですか。

A5

自分の「できないこと」を語り合うことにより、人間理解のことばは深まり、関係づくりが広がるからです。

乳幼児心理学でも言われていることですが、人間の最も原初的な部分に、「快」と「不快」という感覚・感情があります。「感覚過敏」や「鈍麻」という程度の差はありますが、「快」と「不快」はすべての人間にあるものなので、発達障害の有無を問わず、ことばの学びの場を考える上でも重要な観点だと私は考えます。

これまでの学校現場において、子どもたちの「できることや得意なこと」を扱った授業は多く見られても、「できないことや苦手なこと」を扱った授業はあまり見られませんでした。また、教員自身も、「何でもできる」発達のお手本のように位置づけられてきたこともあり、自分のできなさや苦手なことを子どもたちに語ってこなかったように思います。「快」と「不快」から生まれる学びは、同じ数だけなければいけません。第Ⅱ章では、「一つの授業の中で一分でも一秒でも、子どもたちが楽しいと思ってくれるような場」を想像することを述べました。このことは、「不快」について学ぶ機会が十分にあることを前提とした話であり、ただ単に「快」だけの学びを求めることではないことに注意する必要があります。

子どもたちが自分の「できないこと」を少しずつことばにして、他者と共有することで、「できないこと」をめぐる不快・不安な感情を和らげていくことが大切です。

支援を要する子どもたちにとって、社会の側が求めることに対して「できないこと」は少なくありません。自分の「できないこと」について、安心して他者と語り合うことにより、子どもたちの人間理解のことばが深まり、関係づくりに広がりが生まれることでしょう。

Q6 「全員がわかる・できる授業」をつくらなければならない思いが強くあるのですが、どう考えますか?

A6 その思い込みを、少しずつ和らげてみましょう。

私たち教員は、「常に」子どもたち全員が「同じように」わかる・できる授業をめざさなければならないのでしょうか。私は、「いつも」そうである必要はないと考える立場です。

様々な教科や領域の中でも、国語科教育ほど「全員で同じようにわかること」や「全員で同じようにできること」が似合わない教育はないでしょう。

たとえば「スイミー」を扱った授業であれば、目の役割を担ったスイミーに感動する子どももいれば、スイミーや他の魚の絵がただかわいいと思ったという子どもがいてもよいわけです。また、マグロと仲良くせずに追い払ったスイミーの考え方に問題を感じる子どもがいてもよいでしょう。実際、私が過去にかかわったアスペルガー症候群の子どもの一人は、仲良くせずに追い払ったスイミーの行為にひどく憤慨していました。その他、スイミーが「目になる」ことは一定の視力がある定型発達者を想定した展開であるので、視覚障害のある子どもからは冷ややかな意見も出てくるかもしれません。

子どもたちにはそれぞれの生育歴があるように、それぞれの「わかる」や「できる」がありま す。教員が指導事項を意識して授業にのぞむことは必要ですが、同様に、「その指導事項を子どもたちとともに変えたり、新たに生み出したりする柔軟さ」が求められます。

このことは、説明文を扱う授業を含む、国語科授業すべてに当てはまります。

子どもたちが様々なかたちで授業に参加できることをめざすインクルーシブ教育の実現にむけて、まずは、私たち自身にある、全員が「常に」「同じように」わかる・できる授業という思い込みを和らげることが欠かせません。

Q7 教員が「プライベート」を小出しするメリットとデメリットを教えてください。

A7 関係を深めることと壊すことは紙一重なので慎重に。

家族と休日に動物園に行ったことを話す場合もそうですが、教員が自分の「プライベート」を子どもたちに語ることは、教員という制度に守られた「強い」存在から「弱い」存在へと変わることを意味します。つまり、これまでは上下の一方向的な関係性だったものが、子どもたちと同じ土俵（同じ生活者の目線）に立つことにより、上下のない双方向的な関係性に変わります。

たとえば私の場合、吃音があるため、正確に発音することはできません。発達障害でもあるため、たとえば人から一斉に声をかけられると情報を処理しきれず、頭がひどく痛くなったりします。この結果、教員の側に立った今、同じような身体で苦しむ子どもたちに対して敏感になりました。自分の身体の特徴について語るようになってからは、子どもたちは私の身体を気にかけてくれるようになりました。加えて、子どもたちは友だちに対しても、身体の難しさという観点から気にかけるようになりました。

このように、教員が自分の「プライベート」としての「生活体験」や「弱さ（できないこと）」を子どもたちに小出しすることにより、子どもたちとの関係性は、「理解し合う関係」へと変えることができます。幼少時代の私もそうでしたが、立場的に弱い子どもの多くは、教員との間にある権力関係にとても敏感です。私は、強い立場に置かれやすい教員が、自身の権力性を自覚して子どもたちと同じ目線に立とうとする姿は、子どもたちのコミュニケーション観を育てる意味においても大切だと考えます。

デメリットとして考えられることは、教員が独りよがりに自分の「プライベート」を提示するような場合です。内容によっては、子どもたちにとって生々しさをともなう危険性もあります。同僚や研究仲間、子どもたちとの絶え間ない交流を通して、教員が語ってよい「生活体験」や「弱さ（できないこと）」とは何かを考え続けることが求められます。

Q8 「子どもの障害特性に応じた授業」とは、どのような授業をめざせばよいのでしょうか。

A8 障害のある子どもが思わず参加したくなる授業です。

基礎的な障害理解が教員にあることは大前提です。視覚化や動作化が授業に効果的なのは、すでに様々な本で言われていることでもあるので、本書ではあえて省略しています。その上で言えば、「障害のある子どもが思わず参加したくなる国語の授業」を、私は「障害特性に応じた国語の授業」だと考えています。

たとえば、過去に私はお笑いが大好きなＡＤＨＤ（注意欠如多動性障害）の五年生の子どもが参加したくなるような国語の授業を小学校の先生と一緒に考え、実践したことがあります。その子はお笑い芸人の漫才を真似することが得意だったので、実際にみんなの前でやってもらい、コミュニケーション（伝え合う力）について考える授業を展開しました。

また別の授業では、アスペルガー症候群と診断された五年生の子どもが楽しく授業に参加できるように、大好きなガンダムを紹介するための紹介文の作成と発表を他の子どもたちを巻き込んで取り組んだことがあります。

障害特性に応じた授業とは、障害のある子どもが思わず参加したくなるような場を準備し、そこで生まれることばの学びが一部の子どもだけにとどまることがないように、他の子どもたちを巻き込むような授業展開をつくり出していくことにあります。
障害のある子どもも障害のない子どもも、それぞれのよさを認め、学び合えるような場をつくり出すことが求められます。

Q9 定型発達の子どもを「支援を要する子ども」との学び合いに巻き込むと、授業全体の質は下がるのでは？

A9 「質」は上がることはあっても、下がりはしません。

少なくとも国語科授業の場合、学級経営がよい状態にある学級であれば、「授業全体の質」（というものが仮にあるとして）が下がることは考えられません。

それは、いわゆる「国語の学力が高い」とされている子どもたちが学力的に難しい子どもたちのことばを真剣に聞こうとしたり、自分なりに相手の気持ちをくんで言い換えたりしているうちに、聞く力や話す力が深まるからです。うまく話すことができない子どもが相手であれば、相手の表情や行為など、非言語の観点を読み取って理解しようとするはずです。つまり、国語科の目標である「伝え合う力」で言えば、自分の「伝え合う力」をフルに発揮し、さらにその力をよりよく獲得しようとしている状態にあると言えます。
また、「国語の学力が低い」とされている子どもたちにとっても、本当に自分が相手に伝えたいという思いがその授業の中で生まれていれば、「国語の学力が高い」とされている子どもたちとのやりとりの中で話す力や聞く力はもちろん、活動の展開によっては読む力や書く力が育ちます。

これまでの私の経験上、「支援を要する子どもがいると自分の授業の質が落ちて困る」などと語る傾向のある教員の多くは、第一に、学力テストなどの評定の観点でしか子どもを理解しようとしないこと、第二に、自身の国語科授業における固定化した方法や評価のあり方を見つめようとしないこと、第三に、人間関係を育むことや伝え合う力を高めるような視点を国語科に対してもっていないことの三つの問題があるように思います。

私たち教員が留意すべきことは、すべての子どもたちが本当に参加したいと思えるような魅力的な（あるいは子どもたちにとって必要感のある）授業を考えることにあります。このためには、子どもとの対話の場を設け、私たち自身の国語科授業観を柔軟に変えていくことが求められます。

Q10 教員自身に発達障害がある場合、学校現場や授業でカミングアウトしてよいと考えますか？

A10 カミングアウトする心身の準備ができているのであれば、個別の状況に合わせてしていきましょう。

私は教員自身に発達障害がある場合でも、積極的にカミングアウトしてよいと考える立場です。ただし、それは本人の願いや意思とかかわることでもあるので、押しつけになってしまってはいけません。最終的には、教員自身が決めることです。

診断名とはいえ、「発達障害」という名称そのものに抵抗があれば、発達障害のある身体がもつ特徴を少しずつ子どもたち（あるいは同僚や保護者）に説明し、最後に「その特徴には名前があって発達障害と言うのだよ」とつなげれば、子どもたちは十分理解できます。

もちろん、特徴だけ説明し、障害名を言わない選択もあります。私は吃音であれば確実に最初に言うことにしていますが、発達障害については、身体の特徴を子どもたちとの関係性に合わせて「小出し」していき、名称については言ったり言わなかったりしています。このあたりは子どもの発達段階的な理解力のこともあるからです。

繰り返しますが、カミングアウトという行為自体は、あくまで本人が決めることであり、よいことでもわるいことでもありません。ただ経験上言えることは、教員としての自分の身を守る意味でも、子どもたちや同僚と適度な距離でかかわる意味においても、カミングアウトには重要な意味があるということです。

音読ができないことや（吃音）、騒音が続くと頭が痛くなることや（高機能自閉症）、ふとしたことでことばを忘れてしまうことなどは（ADHD）、説明すれば子どもたちも理解してくれますし、そのような人間がいることを教員を通して学ぶことになります。

他者にむけて自身の身体についてことばをつくすことができる力は、子どもたちも獲得すべきことばの力の一つです。教員が自身の身体の難しさについて語ることにより、子どもたちが自分の生きづらさを語るようになることも期待できるでしょう。

第Ⅳ章

インクルーシブな国語科授業づくりのポイント

1　めざしたいインクルーシブな国語科授業とは

(1)　二つの状態を授業でめざす

ここでは、第Ⅰ章・第Ⅱ章・第Ⅲ章で述べてきたことを踏まえつつ、本書でめざす「インクルーシブな国語科授業」を整理します。

インクルーシブな国語科授業をつくるために、教員は、次の二つの状態をめざすことが大切です。

①　発達障害のある子どもを含む、すべての子どもたちが国語科授業に「参加」できるようにすること

②　発達障害のある子どもを含む、すべての子どもたちに「包摂」や「再包摂」の状態が

生まれるようにすること

それぞれ順に見てみましょう。

(2)「参加」について

「① 発達障害のある子どもを含む、すべての子どもたちが国語科授業に『参加』できるようにすること」は、インクルーシブな国語科授業づくりの基盤目標であり、授業前・中・後の、どの段階においても常に問われる目標でもあります。

子どもの参加についての考え方は様々です。何をもって子どもが授業に参加していると考えるべきか、誰がその参加の可否を決めるべきなのか、参加をめぐる議論は簡単ではありません。

四五分のすべての時間を教室内にいることだけで、その子どもが参加できていると考えるのは注意が必要です。かつての小学生時代の私のように、授業内容に興味がもてず、運動場にいる犬の様子をぼんやり眺めていたり、時計を見ながら授業の終了時刻までの時間を分単位や秒単位で計算しているだけかもしれないからです。

逆に、新井英靖氏が述べているように、それまで授業に参加しようとしなかった子どもが、他の子どもたちの様子を「チラチラと」興味深そうに見ていることも、その子どもにとって貴重な「参加」の時間だと考えることもできるでしょう（新井英靖『アクション・リサーチでつくるインクルーシブ授業――「楽しく・みんなで・学ぶ」ために』ミネルヴァ書房、二〇一六年、三〇頁）。

そもそも学校文化では、学校に通い続けることが「よいこと」とされがちですが、「不登校」の立場を希望する子どもの思いも尊重されるべきです。

参加についての議論は、当事者である子どもたち一人ひとりの思いや願いに寄り添いつつ、考えていかなければなりません。

このような参加をめぐる難しさが背景にあることを確認した上で、ここでは授業づくりにむけて、子どもの視点に限定した次の3つの立場から「参加」を考えたいと思います。

〈1　知的関心からの参加〉
・何かおもしろそうだから　・ウキウキワクワクするから　・夢中になっていて気がついたら参加していた　・思わず参加していた　・自分でもできそうだから参加した
〈2　関係性からの参加〉
・先生のことが好きだから　・友だちのことが好きだから　・先生や友だちと遊びたいから　・みんなと仲良くなりたいから　・自分のことを知ってほしいから
〈3　条件付きの参加〉
・みんなとするのは苦手だけど遠くから見ることで参加した　・四五分のうち一〇分参加した　・ノートに自分の好きな絵を描きながら参加した　・好きなぬいぐるみやおもちゃに触れながら参加した　・別の部屋で何度か心を落ち着かせながら参加した　・先生に抱っこや肩車をしてもらいながら参加した

インクルーシブな国語科授業づくりにのぞむ教員は、〈1　知的関心からの参加〉〈2　関係性からの参加〉〈3　条件付きの参加〉の三つの条件のうち、少なくとも一つの条件を満たす国語科授業をめざすことが大切です。

私は、三つの参加の条件を子どもたちの実態に照らして考え、授業展開と結びつけて実践できる力を、「インクルーシブな国語科授業を実現する教員の力量」だと考えています。逆に、子どもたちが感じるおもしろさに対してひどく鈍感な教員（1の参加の条件を満たさない教員）、子ども同士の関係性に対して配慮のない教員（2の参加の条件を満たさない教員）、従来の授業のあり方を変えたり問い直したりすることに意欲的でない教員（3の参加の条件を満たさない教員）は、子どもたちから心的に距離をとられるだけでなく、場合によっては、子どもたちから拒絶されることもあり得るでしょう。

〈3　条件付きの参加〉については、教員の間で意見が分かれるところでもあります。たとえば、「ぬいぐるみを持つことで授業に参加できる」という意思を示した子どもがいる場合、「授業にぬいぐるみなんてとんでもない！」という従来の考え方に固執する教員もいれば、「ぬいぐるみ一つで授業に参加してくれるのであれば、そんな有難いことはない」と考える教員もいるでしょう。

これは単に教員の授業観だけの話ではなく、教員自身に他の子どもたちに説明しようとする意志があるかどうか、その違いでもあります。

ある子どもが教室にぬいぐるみを持ち込むことを許可する場合、その子どもが「特別な支援を要する子ども」という立場であれ何であれ、なぜその子どもだけがその行為を教室ですることが許されるのか、誠心誠意、その子ども本人と他の子どもたち、同僚や保護者にことばを尽くす必要があります。

子どもたちによる授業への参加の幅を少しでも広げるためには、教員である私たち自身が従来の狭い授業観を変えていくことと、その授業観を変えるための説明のことばを他者にむけて発信していくことが大切です。

なお、〈3　条件付きの参加〉で記した事例は、すべて実際にあったことであり、私自身も直接見たり、かかわったりしてきたものです。それらの教室には、子どもたちに説明し、子どもたちとともに授業をつくろうとする教員たちの姿がありました。

自戒の念を込めれば、インクルーシブな国語科授業を実現するには、それ相応の覚悟が必要だということです。

(3) 「包摂」と「再包摂」について

「② 発達障害のある子どもを含む、すべての子どもたちに『包摂』や『再包摂』の状態が生まれるようにすること」は、インクルーシブな国語科授業づくりの中期的・長期的な目標です。

第Ⅰ章では、「包摂」と「再包摂」の状態にある子どもたちの様子を図で説明しました。「包摂（インクルージョン）」とは、発達障害のある子どもなど特別な支援を要する学習者を学びの場に参加させている状態を意味します。これに対して、「再包摂（リ・インクルージョン）」とは、すでに包摂された（ことにされている）定型発達の子どもたちを、特別な支援を要する子どもとのかかわりを通して新たな学びの場に参加させている状態をあらわします。

近年刊行されている特別支援教育をめぐる書籍を確認すると、「包摂（インクルージョン）」をめざすことばかりが取り上げられています。しかし当然のことながら、ことばの学びは特別な支援を要する子どもだけに生まれればよいわけではなく、他の子どもたちにも同様に生まれなければなりません。

そもそも、定型発達というだけで、すでに「包摂」されているかのように扱われるのも、おかしな話です。「①　発達障害のある子どもを含む、すべての子どもたちが国語科授業に『参加』できるようにすること」で記したように、子どもたちにとって参加のあり方は様々だからです。大人の都合で「包摂」していることにされてしまっては、定型発達の子どもたちにとっても迷惑な話でしょう。ことばを学ぶことに終わりはないことを考えたとき、「包摂」と「再包摂」が子どもたちのあいだで次々と生まれるような、動的なサイクルをめざすことが国語科授業で求められているのです。

(4)「学び合い」に学ぶ

「包摂」と「再包摂」を現場でよく使われることばで言い換えるのであれば、「学び合い」が近いでしょう。

ただし、「学び合い」は「子ども同士が互いに学ぶ」という広い意味で使われる傾向があります。「包摂」と「再包摂」ということばをあえて用いる背景には、「学び合い」の「互いに学ぶこと」に加え、これまで授業外に放置されてきた子どもたちを授業に巻き込む（包摂する）ことや、授業に参加していることにされてきた定型発達の子どもたちを、他者とのかかわりを通してきちんと学びに巻き込もうとする（再包摂する）ことへの強い願いがあります。

子どもたち一人ひとりのよりよい参加のあり方を考えようと試みている点において、「包摂」と「再包摂」の考え方は、学び合いの概念と質的に異なります。「包摂」と「再包摂」とは、現場で用いられる「学び合い」の概念をインクルーシブ教育の観点から充実・発展させたものだと言えるでしょう。

2　インクルーシブな国語科授業づくりのポイントと実際

(1)〈基盤編〉と〈充実編〉の考え方

述べてきた二つの状態（「参加」と「包摂／再包摂」）を踏まえた上で、インクルーシブな国語科授業づくりのポイントを、〈基盤編〉と〈充実編〉の二つに分けて考えてみたいと思います。

〈基盤編〉と〈充実編〉との違いは、難易度の違いではありません。また、どちらかが実践として優れているというわけでもありません。〈基盤編〉と〈充実編〉との違いは、子ども同士や子どもと教員との「関係性の深度の違い」とご理解ください。〈基盤編〉は関係性が初期の段階から始められるものであるのに対し、〈充実編〉は、関係性が深まる中期から後期の段階で始められるものになります。

インクルーシブな国語科授業づくりにおいて、子ども同士の関係性や子どもと教員との関係性という観点は、とても重要なものです。子どもたちと初めて出会ったときのように、関係性がまだ十分につくれていない状況では、たとえば子どもの内面（自己観・他者観・コミュニケーション観など）に深く踏み込むような授業展開は控えたほうがよいからです。

関係性の深度をめぐる境界線は、子ども理解のもとに各教員が責任をもって決めることになります。小中連携の観点から、各小学校現場（特に中学年や高学年）では教科担任制が導入されつつありますが、子どもたちとの関係性を深める目的から考えると、従来の学級担任制の意義も大切にしていきたいものです。

個別の状況によりますが、一つの目安としては、〈基盤編〉が一学期の初日から取り組むことができるのに対し、〈充実編〉は早くても二学期以降（夏休み以降）の取り組みとなります。

(2) インクルーシブな国語科授業づくり〈基盤編〉

① 教科書教材に関連した活動目標を考える

※子どもたちが「うきうき・わくわく」してくれるような、楽しい学習活動のゴールを決めましょう。
例1「がまくんとお友だちになるために、お手紙を書こう」
例2「ヤドカリとイソギンチャクの関係から、友だちや家族との関係を考えよう」

② 教科書教材に関連した活動展開を考える

※子どもたちが「うきうき・わくわく」してくれるような授業方法を言語と非言語の両面から考え、どのように学習を展開するかを決めましょう。
例1「子どもたちに自身のペープサートを作らせて、がまくんとお話しさせてみよう」
例2「エプロンシアターを使って、ヤドカリとイソギンチャクのやりとりを演じてみよう」

③　①と②を踏まえた学習目標を考える

※この学習活動で、学習指導要領の指導事項の何が達成できるのか確認しましょう。
※達成できないのであれば、①②に戻り、活動目標や活動展開を練り直しましょう。

④　実践し、評価する

※参加することへの意欲が子どもたちに見られたら、積極的に評価しましょう。
※指導事項の観点からの評価はもちろん、国語科の指導事項に記載されていないことでも、他教科他領域の指導事項などを参考にして評価することに挑戦しましょう。
※子どもたちが取り組む自己評価を工夫するなど、学びを返していきましょう。

⑤　子ども理解と記録の更新

※子どもたちが学習活動の何に惹きつけられていたか／惹きつけられなかったのか、学習活動を通して何を学んだのか／学べなかったのかを記録しておきましょう。

(3) インクルーシブな国語科授業づくり〈充実編〉

① 子どもたちのコミュニケーションの実態から活動目標を考える

※子どもたち一人ひとりが自身のコミュニケーションをめぐる難しさを見つめ、真剣に取り組むことのできる学習活動のゴールを決めましょう。

例1「ごんと兵十のすれちがいから、私たちのすれちがいを考えてみよう」

例2「『ふつう』ということばの意味と、私たちの使い方について考えてみよう」

② 子どもたちの興味・関心に照らした活動展開を考える

※子どもたちを知的に惹きつける授業方法を言語と非言語の両面から考え、どのように学習を展開するかを決めましょう。

例1「ごん日記を書かせたあとに、ごんのような思いになったときの経験を交流させてみよう」

例2「視覚障害の当事者による『社会が押しつけてくる「ふつう」』への不満の思いと、私たちが使う『ふつう』の意味を比べさせて『ふつう』とは何かを話し合わせてみよう」

③ ①と②を踏まえた学習目標を考える

※この学習活動で、学習指導要領の指導事項の何が達成できるのか確認しましょう。
※達成できないのであれば、①②に戻り、活動目標や活動展開を練り直しましょう。

④ 実践し、評価する

※参加することへの意欲が子どもたちに見られたら、積極的に評価しましょう。
※指導事項の観点からの評価はもちろん、国語科の指導事項に記載されていないことでも、他教科他領域の指導事項などを参考にして評価することに挑戦しましょう。
※子どもたちが取り組む自己評価のやり方を工夫するなど、学びを返しましょう。

⑤ 子ども理解と記録の更新

※子どもたちが学習活動の何に惹きつけられていたか／惹きつけられなかったのか、学習活動を通して何を学んだのか／学べなかったのかを記録しておきましょう。

3　授業をつくる上で注意したいこと

(1)〈基盤編〉の注意事項

〈基盤編〉では、保育の理論や方法に学びつつ、非言語（ノンバーバル）の方法を積極的に導入します。「うきうき」「わくわく」「思わず参加したくなる」をキーワードに、学べるだけでなく、子どもたち同士、子どもと教員との間で信頼関係の基礎を育むことが主な目的です。

関係性をつくることに終わりはありません。〈基盤編〉は、その名の通り、年間計画のどの段階においても行われるものだとご理解ください。夏休み以降には〈充実編〉が始まる可能性がありますが、〈基盤編〉の授業は、子どもたちの内面に深く踏み込むことをめざす〈充実編〉の授業のあとに、ふたたび穏やかな授業や関係性に戻るための緩和剤の役割も果たします。

〈基盤編〉における授業づくりでは、子どもたちにとっての活動の楽しさを追求するあまり、いわゆる「活動あって学びなし」という状態になりがちです。そうならないためには、小学校学習指導要領国語編の指導事項を逐一確認し、学習活動と関連させるように意識することが大切です。また、このことは、国語科授業であることの説明責任を学習者である子どもたちはもちろん、同僚や保護者、自分自身に対して果たす意味においても重要です。

とはいえ、先生をめざしている大学生や新任の先生にとって、楽しい学習活動と指導事項とを深く結びつける作業は難しいものです。結局、自分が過去に受けてきた（子どもたちにとって必ずしも楽しい活動だとは言いがたい）教員からの一方向的な授業展開で学習指導案や授業展開をまとめてしまいがちです。

すでに吉川芳則氏が指摘していることですが、国語科授業づくりにのぞむ教員は、従来の一方向的な授業形態から、双方的なアクティブ・ラーニングの授業形態に切り替えていく必要があります（吉川芳則編『アクティブ・ラーニングを位置づけた中学校国語科の授業プラン』明治図書、二〇一六年）。そのためにも、まずは吉川氏が述べるような「量的充実」を意識して

（私のことばで言い換えれば、子どもたちにとって活動が楽しくなるように意識して）、後付的に「質的充実」をめざすこと（私のことばで言い換えれば、指導事項と結びつけたり、新たな評価の観点を加えたりすること）が現実的であり、実践的な授業づくりの思考の順序だと考えます。

指導事項の達成をめざすからこそ、国語科の授業づくりで優先すべきは、子どもたちにとっての「楽しい活動づくり」にあるのです。

(2)〈充実編〉の注意事項

〈充実編〉では、〈基盤編〉の授業づくりの発想を踏まえつつ、より子どもたちのコミュニケーションをめぐる難しさを言語化することや、他者と交流することに挑戦します。また、〈充実編〉では、子どもたちの間にある力関係を、より対等なものへ近づけることをめざします。

「特別な支援を要する」子どもたちの多くは、社会的にも、教室内においても弱い立場に置かれやすい状況にあります。〈充実編〉では、強い立場の子どもたちによる、弱い立場にいる子どもたちへの見方、考え方、受けとめ方を広げ、深めさせることが重要です。あわせて、教室内にとどまらず、社会全体における権力関係に目を向けさせ、自己の問題と結びつけさせることで、インクルーシブなコミュニケーション観をことばの力として育てていくことが大切です。

同様に、「特別な支援を要する」子どもたちも、この社会を生き抜くために、自己や他者を見つめ、その傷つきやすさから内閉的な自己の世界に閉じこもらないよう、他者へと拓かれたインクルーシブなコミュニケーション観をことばの力として育てていくことが欠かせません。

本書で繰り返し主張してきた「包摂（インクルージョン）」と「再包摂（リ・インクルージョン）」とは、誰かがその二つのどちらかに当てはまるというような固定化した考え方ではなく、子どもたちはもちろん、私たちの誰もが条件や状況、関係性次第で「包摂」の対象になったり「再包摂」の対象になったりするものだとお考えください。どのような立場であれ、自己や他者のコミュニケーション観を見つめ、互いに育てていけるような、インクルーシブな姿勢や態度を子どもたちに獲得させたいものです。

そのために、〈充実編〉では、他者とのコミュニケーションの難しさに迫ることや、自己の身体や生活環境の難しさに迫ることができるような、活動目標や活動展開をデザインしなければなりません。

既存の教科書教材では、「スイミー」（学校図書・光村図書、二年上）、「ごんぎつね」「お手紙」、「カレーライス」（光村図書、六年）、「ヤドカリとイソギンチャク」（東京書籍、四年上）などの文学作品や説明文だけでなく、「話すこと・聞くこと」を中心とする単元など、子どもたちが自身のコミュニケーションのあり方と結びつけて考えることができる教材は少なくありません。また、「インクルーシブな国語学力」を提案する永田麻詠氏は、文学作品の「フレデリック」（三省堂、二年）や、説明文の「にせてだます」（学校図書、三年上）なども、扱い方次第で子どもたちの「エンパワメントの場となりうる」と述べています（永田麻詠「インクルーシブな国語学力の構想―『読むこと』の授業づくりをめぐって」インクルーシブ授業研究会編『インクルーシブ授業をつくる―すべての子どもが豊かに学ぶ授業の方法』ミネルヴァ書房、二〇一五年、九二頁）。

今後は、自己や他者に迫るコミュニケーションを考えるための教材という観点から教科書教材を整理するだけでなく、家庭科、道徳、音楽、図画工作、体育など、他教科他領域と連携して、新たな教材（学習材）を開発し、国語科授業に取り入れていくことが求められます。

(3) 共通する注意事項

〈基盤編〉や〈充実編〉を実践すると、学習指導要領に記載された指導事項の内容を超えることが想定されます。

もとより学習指導要領の内容は「ミニマムエッセンス」と呼ばれる位置づけであり、そこに記載された指導事項が「子どもたちの学びのすべて」ではありません。子どもたちの多様な実態に即して、指導事項は加筆されるべきものであり、場合によっては修正されるべきものでもあります。

第I章で「自立活動」について触れたときに述べましたが、小学校学習指導要領国語編の指導事項では、コミュニケーションや非言語（ノンバーバル）の観点が弱いのが現状です。教員は指導事項の内容を踏まえつつも、他教科多領域の指導事項を活用したり、新たな評価の観点をつくり出して、子どもたちの取り組みを積極的に意味づけていくことが必要です。

このような授業づくりの考え方は、子どもたちのことばの育ちや学びをより豊かにするためにも、大切にしていきたいものです。

あとがき　―「特別な支援」を必要とするすべての子どもたちへ

本書は、発達障害のある子どもたちに通常学級での国語科授業に参加できる機会が生まれることを願い、インクルーシブ教育やアクティブ・ラーニングの観点から国語科授業のつくり方をまとめたものです。発達障害の一人の当事者として、このような本を、通常学級における国語科授業の文脈で出せたことを嬉しく思います。

ただし、第I章でも触れましたが、「特別な支援」を要する子どもたちは、発達障害のある子どもに限りません。日本語を第二言語とするJSLの子ども、性的マイノリティの子ども、経済的貧困家庭の子ども、虐待を受けている子ども、不登校の子ども、疾病のある子どもなど、国語科で考えなければならないことは数多くあります。本書で試みたことは、インクルーシブ教育のほんの一側面です。

今後、国語科授業がすべての子どもたちにとってよりよいものになるためには、第一に、現代を生きる子どもたちが感じている生きづらさの実態把握が必要です。第二に、生きづらい個々の状況の中で、その子どもたち一人ひとりに必要なことばの学びが何かを考え、実践していくことが必要です。

子ども理解としての実態把握は実践レベルでも研究レベルでも行われてきたことですが、今後は、より子どもたちの「生きづらさ」に着目することが求められます。そして、子どもたちの「生きづらさ」という観点から、少しでも国語科授業研究の輪が広がることになれば嬉しく思います。

私自身もまた、インクルーシブな国語科授業の充実にむけて研究を続けていくことを、「特別な支援」を要する子どもたちを含む、すべての子どもたちに約束したいと思います。そしていつの日か、「特別な支援」が、特別でなくなる日が来ることを願いつつ。

本書は、雑誌『教育科学国語教育』（明治図書）において、二〇一五年一〇月号から二〇一六年三月号にかけて連載した「国語教育×インクルーシブ教育　発達障害のある子どもたちとともに学ぶ国語教室」の内容を大幅に加筆・修正したものです。

連載のときも含め、明治図書出版の林　知里さんには大変お世話になりました。「率直に、これは絶対〝出すべき〟本だと思いました」という林さんの力強くも温かい励ましのおことばを支えに、どうにかまとめることができました。ありがとうございました。

また、本書はインクルーシブ授業研究会で学んだことにも触れています。科学研究費助成事業「基盤研究（B）インクルーシブ授業方法の国際比較研究（代表：湯浅恭正）」での三年間にわたる研究会は、私の中で日本におけるインクルーシブ教育の課題を明らかにすることにつながりました。メンバーの皆さんには、あらためて感謝申し上げます。

永田麻詠さんには、連載時を中心に、文章や構成、内容について的確な助言を度々いただきました。もとより文章を書くことが極端に不得手な私にとって、主語と述語がずれるだけでなく、文章そのものが成立しないようなことも少なくありませんでした。永田さんの支援がなければ、この本をつくることはありませんでした。

この他にも、多くの人の支えがあって、この本は生まれました。心より感謝いたします。

そして、これからも、どうぞよろしくお願いいたします。

原田大介

【著者紹介】

原田　大介（はらだ　だいすけ）
関西学院大学教育学部准教授　博士（教育学）

1977年愛知県生まれ。2007年に広島大学大学院教育学研究科博士課程後期を修了。小学校教員、福岡女学院大学講師を経て、2015年4月から現職。学術論文「国語科教育におけるインクルージョンの観点の導入―コミュニケーション教育の具体化を通して」（『国語科教育』第74集）において、「2013年度全国大学国語教育学会優秀論文賞」を受賞。

〔著書〕

『特別支援教育と国語教育をつなぐ　ことばの授業づくりハンドブック』（共編著、溪水社、2014）、『インクルーシブ授業をつくる―すべての子どもが豊かに学ぶ授業の方法』（共著、ミネルヴァ書房、2015）など。

〔本文イラスト〕松田美沙子

インクルーシブな国語科授業づくり
―発達障害のある子どもたちとつくるアクティブ・ラーニング―

2017年1月初版第1刷刊 ©著　者　原　田　大　介
発行者　藤　原　光　政
発行所　明治図書出版株式会社
http://www.meijitosho.co.jp
（企画）林　知里（校正）㈱東図企画
〒114-0023　東京都北区滝野川7-46-1
振替00160-5-151318　電話03（5907）6703
ご注文窓口　電話03（5907）6668

＊検印省略　組版所　株　式　会　社　カ　シ　ヨ

Printed in Japan　ISBN978-4-18-117415-6